林徽因

不慌不忙的坚强

赵一 著

哈尔滨出版社
HARBIN PUBLISHING HOUSE

图书在版编目（CIP）数据

林徽因：不慌不忙的坚强／赵一著. —哈尔滨：
哈尔滨出版社，2018.3
ISBN 978-7-5484-3791-8

Ⅰ．①林… Ⅱ．①赵… Ⅲ．①林徽因（1904-1955）
—人物研究②女性—成功心理—通俗读物 Ⅳ．
①K826.16②B848.4-49

中国版本图书馆CIP数据核字（2017）第304803号

书　　名：林徽因——不慌不忙的坚强

作　　者：赵　一　著
责任编辑：马丽颖　尉晓敏
责任审校：李　战
封面设计：主语设计

出版发行：哈尔滨出版社（Harbin Publishing House）
社　　址：哈尔滨市松北区世坤路738号9号楼　　邮编：150028
经　　销：全国新华书店
印　　刷：北京旭丰源印刷技术有限公司
网　　址：www.hrbcbs.com　　www.mifengniao.com
E－mail：hrbcbs@yeah.net
编辑版权热线：（0451）87900271　87900272
销售热线：（0451）87900202　87900203
邮购热线：4006900345（0451）87900345　87900256

开　　本：880mm×1230mm　　1/32　　印张：9　　字数：190千字
版　　次：2018年3月第1版
印　　次：2018年3月第1次印刷
书　　号：ISBN 978-7-5484-3791-8
定　　价：49.80元

凡购本社图书发现印装错误，请与本社印制部联系调换。　服务热线：（0451）87900278

序　言

　　她，出身于中国近代历史上的名门世家，又拥有令人艳羡的天生丽质；她，身逢风云激荡的年代，却不乏从容淡雅的别样气质；她，饱含绝代浪漫绝代痴的佳人情愫，一生被众多的爱慕者环拱；她，散发着说不尽的娇柔旖旎，而当你细看时，又会发现那清秀的眉宇间其实还透着一股倔强的英秀之气。

　　她，诞生于风景明丽的杭州胜地，从年少的岁月起，便表现出令人惊讶的聪敏才思，似乎对于神奇的大自然的一切，都有着不倦的好奇心，还有那敏锐的洞察力。而她身上所透出的迷人的亲和力与优雅的气质，令当时与她一起长大的堂姐妹们，在几十年之后，仍能够细致入微地描绘出她当年的衣着打扮、举止言谈是如何地令她们倾倒。

　　在风华正茂的年岁里，爱慕她的才俊比比皆是，而且都是那样的迷恋，那样的真诚，那样的痴情，甚至有人为这虔诚的爱慕，而终身不娶。而这一切的发生，只因她恬静的容貌，因她高雅的气质，因她奇特的才思。

她是家庭沙龙中众人瞩目的焦点，她的客厅里从来就不乏俊秀的才子，她的一言一行令人着迷。座上客忘我地听她品评艺术，听她娓娓地描绘、说理，融会中西。不只是沙龙，似乎在一切她所出现的场所，都飘散着"高贵的单纯和静穆的伟大"的独特气息。

她是具有杰出的审美能力的艺术家，又是夫婿事业道路上的完美伴侣；她经历过如烟花绽放的童话般的青春，也经历过病卧孤村落寞羁旅的迟暮；她在繁华热闹的城市中是众多男人仰视的奇异女子，而在穷乡僻壤中又是那样耐得住学术清冷寂寞的平凡匠师。

古人说"女子无才便是德"，她却摆脱了那个时代女性的平庸和谦卑，兼具美貌与才情，风华无尽。她是诗人，是画家，是教授，是建筑师，亦是一个贤淑的妻子、温柔的母亲。她是民国才女中，最不肯屈服于命运，最会选择命运的女子。

她是真聪明。无论爱情还是事业，她每一步都走得热烈、璀璨而又令人望尘莫及。从"太太客厅"里的优雅睿智，到流亡川南与丈夫梁思成一同守望清贫，再到疾病缠身也执意不肯放弃事业，她每一次的华丽转身都波澜不惊，却又美到绝尘。那是一种骨子里流露出的高贵。

她的文字，充满知性和灵性，兼具温婉含蓄与冷峻自信的独特风格，焕发着刚柔并济的光彩。文如其人，折射着那个时代的文化风尚，她的精神世界异常芬芳，深受人们喜爱。

女人的诗情和浪漫、倔强与笃定，她表现得淋漓尽致，却又丝毫不显锋利。她就像流水，灵活柔软地避开了世间的利刃，却甘愿只做幕后看客，凡事清醒而独立。这大抵也是为什么世人眼中的陆小曼终究会输给她吧。那离经叛道的至情至性竟也敌不过她的一身素雅沉静。

聚散由心，浓淡相宜。她在每个人的心底，种下了柔情与诗意，以璀璨沉静的姿态，装点着我们的想象和梦境。

这位惊世绝艳的民国才女，已占尽人间春色。

在她已经离世多年之后，一位曾经爱慕她终生的八十多岁的老人，面对别人拿来的一张他从未见过的她的照片时，竟然还会凝视良久，微微颤动着喉咙，像有千言万语哽在那里。许久，他才抬起头，像小孩求情似的对别人说："给我吧！"他当年曾在她的追悼会上送上这样一副别样的挽联：

一身诗意千寻瀑，万古人间四月天。

在20世纪30年代，她"一代才女"的美誉就已经传遍大江南北，故国东西。而在她的身后，这一称赞丝毫没有淡出历史，销声匿迹，她的故事反而随着岁月的流逝显得愈加传奇。

是的，她就是连胡适也称道的一代才女——林徽因。美国著名学者费正清曾这样形容她："林徽因就像一团带电的云，裹挟着空气中的电流，放射着耀眼的火花。"

如果你只是从别人口中听说她，她无非是一个才女名号；但是，如果你真正走近她，了解她的生活、她的思想、她的文字，便会看到她在安静中不慌不忙的坚强意志，体会到她在尘世的喧嚣中寂静安然的心态，以及她的处世智慧和交际魅力。

没有哪一种命运是更好的命运，每个人都有自己要面对的各种问题。面对这些问题，如何才能更加坚定和从容？唯有不断提高自身的素质和修养。

在这个充满荆棘的世上，只有内心强大的女子才能笑到最后。学习林徽因，内外兼修，做有质感的女人，成为自己心中的女王。

【目 录】

【烟雨潇潇，炼就一颗莲花心】

早慧的心智 · 003

爱上了书香 · 006

一辈子的心结 · 009

用成人的眼光看世界 · 013

命运的迁逃 · 016

伦敦永恒的轻雾 · 022

康桥烟雨——从未贪恋 · 026

离开是一个人的决定 · 030

刹那惊鸿，一切只是刚刚好 · 033

病榻相守，不离不弃 · 037

苍松竹梅三友图 · 040

伤心康大 · 043

最美时光 · 048

宁坐寂寞的船，独自拉纤 · 053

【守着岁月，用一生回答】

收获最美的爱情·059

用一生回答·062

独特的新婚之旅·065

东大筑梦·069

第一次毕业设计·073

在心中修篱种菊·077

优雅睿智的女主人·082

人间四月，悄然绽放·086

别了志摩·088

『八宝箱』之谜·093

与冰心的龃龉·097

心怀梦想，内心笃定·101

为理想孑然而走·104

与宁公遇对话·108

执笔筑史·112

【在安静中，不慌不忙地坚强】

硬石之伤·119

不可言传的平和静美·123

那些隐匿的心事·127

澈因如水·130

温柔要有，但不是妥协·133

哭三弟恒·137

至死不渝的异国情谊·142

触动人心最隐晦的暖·146

静谧的世外桃源·150

倔强木棉·153

飞注天堂的战机·159

乱世中守住清明·163

【人间四月，用生命创造辉煌】

一切都会好起来·169

春城的美好时光·174

清华建筑系的创办·177

病中气韵·181

国徽的诞生·185

灵魂丰碑·188

古城保卫战·192

京派文学的精神领袖·195

浮动着生命气息的旋律·199

柔软宁静的一方天地·205

万古人间四月天·209

【附录一　林徽因诗歌选】

莲灯·216

情愿·217

激昂·218

展缓·219

那一晚·220

一首桃花·222

山中一个夏夜·223

深夜里听到乐声·224

谁爱这不息的变幻·225

你是人间的四月天·226

【 附录二　林徽因散文选 】

悼志摩 · 230

惟其是脆嫩 · 239

山西通信 · 242

窗子以外 · 245

纪念志摩去世四周年 · 254

蛛丝和梅花 · 261

波此 · 265

一片阳光 · 270

【烟雨潇潇，炼就一颗莲花心】

人间四月，姹紫嫣红。

唯有她，清贵高洁，素淡如莲。

读林徽因，当从《诗经·大雅·思齐》起。"徽因"二字，本作"徽音"，取自当中那句"大姒嗣徽音，则百斯男"，"大姒"乃周文王贤德之妃，"徽"是美，"徽音"即是美誉之音。以"徽音"立名，意蕴清简，慧心可待，定是人如其名。

之后，为避免与当时一名写诗的男性作家林微音混淆，遂改名"林徽因"。

她生于乱世，却清醒自持；长于繁华，却灵透沉静。纷乱的情缘、颠沛的人生，仿佛只是一抹底色，永远无法妨碍她拥有一段绚烂的生命。就好像一杯香茗，被时光慢慢浸润成清透的绿，清雅醇郁，让人极爱无言。

这样的女子，注定笼罩着一个神秘的光环，让人不敢轻触。

读林徽因的一生，实在是件美好的事。在那个香艳迷醉的民国，她就像一朵孤清的莲花，开出了静美，丰盈绝尘。

那被时光遗落的欢颜，已幻化成一团柔情，从江南烟雨中袅袅升起。

早慧的心智

每一座城，都有自己的故事。而她的故事，则让一座古韵天然的城，风情万种，灵动鲜活。仿佛一朵静美的莲花，耗尽生命里所有的深情，只为等待一个人，细细聆听，她的心事。

如果我的心是一朵莲花，
正中擎出一枝点亮的蜡，
荧荧虽则单是那一剪光，
我也要它骄傲的捧出辉煌。
不怕它只是我个人的莲灯，
照不见前后崎岖的人生——
浮沉它依附着人海的浪涛
明暗自成了它内心的秘奥。
单是那光一闪花一朵——
像一叶轻舸驶出了江河——
宛转它飘随命运的波涌
等候那阵阵风向远处推送。

算做一次过客在宇宙里，
认识这玲珑的生从容的死，
这飘忽的途程也就是个——
也就是个美丽美丽的梦。

　　她就是林徽因。这首《莲灯》是她对生命倔强的表达。

　　有人说她的美风华绝代，有人赞她的气质清雅自持，她三岁时手扶藤椅的模样让人莫名地喜爱：一个小小的女孩子站在庭院中，背靠一张老式藤椅，清澈的眼睛注视着前方。那老宅已有百年历史，那藤椅亦默默守候了很多人的欢笑和泪珠。唯有那个女孩尚不知人事，看不出性格，看不见未来，却给人留下无限畅想，畅想那光阴，该如何惠赠那个女孩，亦不知那遥远处会有怎样的期待和遭遇。

　　1904 年 6 月 10 日，杭州。陆官巷古朴安详，一如往日，空气中飘散着栀子花的清淡香气。林宅的主人——太守林孝恂的长子，二十八岁的林长民此时并不在家中。他正与一群志同道合的朋友为自己的政治理想奔忙着，和热血沸腾的宪政名士来往，用笔杆子为他们的主张摇旗呐喊。他整日忙碌，极少过问家中事，甚至包括自己待产的太太。

　　忽然，一声婴儿清亮的啼哭打破了这座巍巍官宅燥热的宁静。这一声啼哭在太守和妻子游氏听来犹如天籁——林孝恂的长孙女，长民的长女出生了。

　　她是林家的第一个孩子，聪慧乖巧，被长辈视为掌上明珠。她也是妾室的女儿，与父亲聚少离多，守着幽怨的母亲。林徽因的母亲何氏并不得宠，在父亲娶了第三房太太程氏之后，母亲与父亲的关系更加疏离。

　　人生就是这样，不能事事完满。看似幸福宁静的生活，也隐藏着苦涩的暗涌，就好像花容月貌，终将抵不过春恨秋悲的无人欣赏，必将独自凋零。

　　人们都说，每个内心强大的女人都经历过一段能让自己大彻大悟的感情。对林徽因而言，父母间没有感情的婚姻，则开启了她早慧的心智。面对家庭里层层叠叠的暗涌，她唯一的应对方法就是阅读，在那些清朗明媚的文字里，寻得自己的一方天地。

　　有人说，林徽因善良、聪慧，能设身处地为对方着想，从不会嘲笑他人。也有人说，她理智得有些冰冷无情，从不会沉溺在某种情绪中。而我以为，这样的性格，与她阴暗的童年经历息息相关。

　　她的心被秋月春风的情怀滋养，被诗酒年华的故事填满。她的心事，柔情而婉转。

　　天色渐沉，空气里古旧的湿气迎面袭来，青石板上苔痕依旧，乌篷船里灯火稀稀，摇橹声从远处传来，让人仿佛置身梦境。也许，在那烟雨潇潇的民国，也有一个女子，将内心的愁怨凝结于此，不可碰之，不可怜之，只愿船桨划开内心的波纹，让它沉入云水间，渐行渐远。

爱上了书香

　　人的性情多为天生，有些人骨子里即是安静，有些人生来就易躁动不安。但后天之环境亦尤为重要，倘若一个沉静之人被放逐于喧嚣市井，难免不为浮华所动。而将一个浮躁之人搁置于庙宇山林，亦可稍许净化。我们都在潜移默化的时光中改变着自己，熟悉又陌生，陌生又熟悉。

　　1909年，五岁的林徽因随家人搬迁至蔡官巷的一处宅院，在这里住了三年。时光短暂，但却给一代才女风华绝代的人生奠定了不可动摇的根基。徽因的大姑姑林泽民成为她的启蒙老师。林泽民是清代末年的大家闺秀，打小接受私塾教育，琴棋书画样样精通，诗词歌赋也不落人后。就是这位知书达理、温文尔雅的大姑姑教会了徽因读书识字。

　　最重要的是，林徽因由于林泽民的启蒙，爱上了书香。

　　拨开时光的雾霭，我们仿佛可以看到幼小的徽因手捧一册册书本，在月上柳梢头的夜晚，在暮色低垂的黄昏，在旭日喷薄的清晨安静而沉醉地阅读着，用小小的心体会着。也许那时她还不能完全明白其中美好的意象，也读不懂诗意的情怀，读不懂故事中的人情冷暖，但她从此爱上了读书。那些早早就映入脑海的或瑰丽或清淡的文字，在她成年后，幻化成一树一树的花开，幻化成忧郁的秋天，幻化成少女的巧笑倩兮和不息的变幻，成为中国现代文学的星空中最特别的那一颗星子。

但林徽因的童年并非单纯愉快，她的家庭注定了她不能用符合这个年纪的言行与大人们交流。母亲何雪媛由于得不到丈夫的宠爱和家族的肯定，生出抱怨之心。那时候她跟母亲住在后院，每次高高兴兴从前院回来，何雪媛就会无休止地数落女儿。从那时候起，徽因的内心深处就交织着对父母又爱又怨的矛盾感情。她爱儒雅清俊、才华横溢的父亲，却又怪他对母亲冷淡无情；她也爱着给她温暖和爱的母亲，又不满她总在怨怼中把父亲推得更远。

年纪小小的徽因背上了成年人强加的沉重包袱。她既要在祖父母、父亲面前当聪明伶俐的"天才少女"，又得在母亲面前做个让她满意的乖顺的女儿。多年以后，林徽因写了一篇叫作《绣绣》的小说，说的是一个乖巧的女孩子绣绣生活在一个不幸的家庭，母亲性格懦弱、心胸狭隘又无能，父亲冷落妻子，又娶了二太太。绣绣整日夹在父母的争执中彷徨不安，最终因病死去了。绣绣还未成熟的心灵里深藏着对父母爱恨交织的情绪、爱莫能助的无奈。这一切又何尝不是林徽因童年生活的写照呢。

徽因七岁时，祖母游氏去世。一直对婆婆怀有复杂感情的何雪媛在葬礼上失声痛哭。这个女人是她的"敌人"，也是她的偶像。恨、忌妒、崇拜、感激（何雪媛结婚后多年未生育，游氏告诫儿子洁身自好不要急着再纳妾）在她被抱怨占据的内心交织。现在，已成为林家女主人的何雪媛原谅了这个她又爱又恨的"仇敌"。她变得平静很多，就算是抱怨也能做到心平气和，不像以前那样喜怒无常。

也许，徽因的父亲并非薄情之人，只是，他与妻子并无任何爱的交集。就如同大多数封建时代的婚姻，枕边人未必就是心中所想的那一个，却仍然要努力维持这段关系，将就着走下去。彼此厌倦并非罪不可赦，只可惜天意弄人，生生造出这么多痴男怨女，不尽如人意。

大半生与肺病做着抗争，尝尽人间冷暖的林徽因也清楚地了解这些吧。她生命中有据可查的感情，哪怕是和梁思成如神仙眷侣，哪一段是真正意义上的圆满呢？哪能没有丝毫遗憾呢？就算风华绝代，也不过是个饮食人间烟火的平凡女人，也曾有过惆怅和踟蹰，只不过她终究做到了收放自如，并懂得如何取舍罢了。

一辈子的心结

　　妾，又称姨太、偏房，主要指一夫多妻制中，地位低于正妻的女性配偶。

　　这绝对不是一个好词。

　　可能很少有人知道，一代才女林徽因便是妾的女儿。

　　她是林家的长女，得宠，但那宠，林家人吝于分给她的母亲。

　　林徽因的生母，这个脾气喜怒无常，常常伤害尚且年幼的女儿的怨妾，也许并不知道，她的存在是如何影响了女儿一生对爱情的抉择。

　　好日子就像薄薄的第一场冬雪，还没等人把美景看个究竟就消失得无踪迹了。徽因八岁时，林长民娶了二太太程桂林。作为实际上的大太太（注：林长民的原配叶氏已经过世）的何雪媛，是最后一个知道老爷要纳妾的。林长民向老太爷禀告后，得到了默许。林太守已是垂暮的夕阳，实在没有心力再来操心三十六岁大儿子的第三桩婚事了。那时候他们已经举家搬迁到上海。

　　何雪媛听到这个消息后很平静，她知道该来的总会来的，丈夫终究是熬不住了。那个时代三妻四妾的男人多得是，甚至有一些女人为了取悦丈夫，遇到纳妾的事儿比丈夫本人还积极。但何雪媛做不到。她虽不是什么大户人家的千金，也是家中老小娇宠爱护的对象。和别的女人分享一个丈夫，对她来说，是没办法的事情。

何雪媛对于二太太很是好奇。她到底是个怎样的女性呢？一定很美丽吧，是个清丽的女学生，还是一个风情万种的交际花？她也会像林家人一样吟诗作对吗？会说洋话，识洋文吗？她会怎么看待这个大太太呢？

程桂林在何雪媛忐忑不安的期待中终于来了。何雪媛看她一眼就大失所望。她不年轻，不美丽，个头儿不高，勉强称得上娇小玲珑。而且听八卦的老妈子说，二太太也是个目不识丁的俗气女人。何雪媛终于松了一口气，看来这不是个值得防备的竞争对手。况且，程桂林对她还算友善，她也挑不出什么理，遂同样亲热相待。

但何雪媛很快就对二太太亲热不起来了。她原本以为依着林长民的性子，对程桂林八成也是不冷不热，没想到这个大字不识的女人把丈夫牢牢地绑走了。林长民每次归来，就直奔程桂林的房间；离家的时候，最多冷淡地和大太太打个招呼。这简直太不公平了！

其实，林长民宠爱程桂林也是有原因的。程桂林虽然没有文化，但胜在识得眉眼高低，说话轻言细语，不像何雪媛那样漂亮话一句没有。她从来不会发脾气，最多嗲着嗓子冲老爷叫："宗孟——你到底要怎么样嘛！"听得何雪媛掉一地鸡皮疙瘩。不过没关系，宗孟可是受用得很。

　　林长民被嗲声嗲气的程桂林哄得高兴，带着她到处玩乐、出差、出席朋友的聚会，还给她新起了一个名号"桂林一枝室主"。

　　何雪媛被气得头昏脑涨，但是二太太对大太太的怒气好像感觉不到一样，照样温言软语跟她搭讪。何雪媛没办法，只好另找途径发泄。猫呀狗呀，连仆人们都遭了殃。林长民偶尔来一趟也不得幸免，最后干脆眼不见为净了。

　　后来，程桂林像示威似的，接二连三地生下四儿一女。比起前院的其乐融融，何雪媛的后院彻底成了"冷宫"。何雪媛知道，自己一辈子只能是林长民的妾了。她永远不能堂堂正正地做她的林太太了。

　　以前，他不愿意，是她自己倔，不讨人喜欢；现在，他更不会愿意了，她要是扶了正，程桂林往哪摆呢？他可不愿意这么做。

　　因为二太太的到来和得宠，何雪媛对"妻子"的名分彻底死心了。这个名分是何雪媛和女儿林徽因一辈子的心结，一辈子的痛楚。多年后林徽因拒绝徐志摩的追求，有人说最大的原因就是徐志摩当时已与张幼仪结婚，林徽因若是与他在一起，必定是"小"；甚至徐志摩最终顶着压力离了婚，她也不肯回头，而是选择了梁启超的大公子。

　　林徽因的儿子梁从诫是这么理解他的母亲的：

　　　她爱父亲，却恨他对自己母亲的无情；她爱自己的母亲，却又恨她不争气；她以长姊真挚的感情，爱着几个异母的弟妹，然而，那个半封建的家庭中扭曲了的人际关系却在精神上深深地伤她。

——《倏忽人间四月天》

多年后，林徽因又一次被推到一个旋涡的中心，始作俑者是三个爱她的男人。也正是这几段感情让她遭到非议。天意？人意？红颜已逝，谁说得清楚呢！

用成人的眼光看世界

他是林徽因生命中最重要的男人。

她是他血脉的延续，期望的寄托。他对她的爱是那样复杂，又那样沉重。

她是那个畸形的家庭中唯一能与他交流的人，不经意间，他把不应该让她背负的重担交予了她。

她一生的繁华和努力隐藏的酸楚，都与这个男人息息相关。

虽然林长民在家的时间极少，但他仍不失为一个好父亲。他心性开朗，特别喜欢跟孩子们在一块儿。在他这里孩子们不分前院后院，前院后院的丫头小子，都是他的心肝宝贝。莫说是自家孩子，就是孩子姑姑家的表姐表弟们，也少不了这位舅舅的宠爱。大姑姑对待徽因两姐妹，也同对待自己的孩子无异。

林徽因长到十岁时，祖父也去世了。父亲常年在外，大太太什么都放手不管，二太太弱不禁风，和老爷书信往来，伺候两位太太，照顾年纪尚幼的弟妹，甚至打点搬家的行装，家中大事小事，竟然都是这个十岁出头的大小姐一力承担。俗话说，穷人的孩子早当家，出身名门的徽因，也早早地当起家来了。

林长民爱那一大群孩子，但最爱的还是长女林徽因。

她天资聪敏，早早就在父亲和大姑姑的启蒙下读书、识字，并开始为祖父代笔给父亲写家书。七岁那年，林长民在给女儿的回信中，如此写道：

徽儿：

　　知悉得汝两信，我心甚喜。儿读书进益，又驯良，知道理，我尤爱汝。闻娘娘往嘉兴，现已归否？趾趾闻甚可爱，尚有闹癖（脾）气否？望告我。祖父日来安好否？汝要好好讨老人欢喜。兹寄甜真酥糕一筒赏汝。我本期不及作长书，汝可禀告祖父母，我都安好。

　　　　　　　　　　　　　父　长民　三月廿日

在父亲眼中，林徽因不仅聪慧，而且"驯良""知道理"，早早领会大家庭的人情世故。或许在成人看来，家里有这样的孩子实在难得，可是，对于只有七岁的小女孩来说，这样的家庭环境是否有些残酷？原本应该和玩伴们肆无忌惮争抢糖果玩具的年纪，却因为长辈有意无意的施压，学会了察言观色，学会了在大人们的纷争之间做出权衡，努力用成年人的眼光看世界。

林徽因把家里打理得井井有条，心无芥蒂地爱护着异母的弟妹，对二娘尊重有加，长辈眼中她是林家的长孙女，天资过人，温良有礼。这一切，都让林长民备感欣慰。而从另一方面理解这份父女之情，就可知林徽因的文化修养也占了重要的部分。在那个两个太太都是文盲的家里，林长民满腹的才情和济世救国的抱负，对她们来说犹如天书。唯有这个从小跟随父亲和姑姑学习诗书礼仪的女儿，能理解他、懂他，所以，林徽因成了父亲在这个半旧半新的家庭中唯一的同类、知己。

不得不说，父亲对林徽因的影响很大，他"清奇的相貌"、"清奇的谈吐"以及出众的才学，都在女儿身上传承下来。而在林徽因心里，她对父亲的情感交织着怨与爱。她怨他对自己的母亲不予理睬，冷漠无情，却又对他的超群才华钦佩不已。在这样一个有点畸形的家庭环境中成长，林徽因的性格就像一株北方的植物，生怕错过短暂奢侈的幸福，所以一个劲儿地生长，让枝叶无限地靠近温暖的阳光。

父亲对长女殷切的寄托，不经意间拿走了林徽因的童年和天真。她几乎没有真正意义上的童年时光，而是将澎湃的感情压抑于理性之下，这直接影响了她后来的人生选择。这是林徽因和同代女性的最大区别。

命运的迁徙

　　我们各自带着使命降临人间，无论多么平凡渺小，多么微不足道，总会有一处角落将他搁置，亦会有一个人需要他的存在。

　　心静则国土静，心动则万象动，若能懂得随遇而安，任何的迁徙都不会成为困扰，更不至于改变生活的初衷。每个人都于漫漫人生路努力找寻着适合自己的方向，不至于太过曲折，不至于在拐弯处过于彷徨。

　　林徽因是经时光雕琢的女子，如一道浓郁的沉香，袅袅升腾，芬芳如醉。不管童年的天真遗失了多少，时间的沙漏仍然静静地渗着，蔡官巷和西湖渐行渐远。林徽因懵懵懂懂地撞进了她的少女时代。

　　既是当得起风华绝代，那么林徽因定不会满足于小情小梦，守着一世清净了却此生。许多年前她就与江南告别，从此接受了迁徙的命运。这种迁徙并非仅仅是颠沛流离，更是顺应时代，自我放逐。本是追梦年龄，又怎可过于安静，枉自蹉跎时光？

　　八岁时，林徽因一家离开杭州来到上海。十岁时，举家迁往北京。在一次次离别中，她带走了江南水乡的灵秀，带走了小巷里栀子花的清雅，还有西湖水面一缕迷蒙的薄烟。此时的她，还不懂相忘于江湖，不懂迁徙意味着时光的诀别，不能领会何为风华绝代，却在举手投足之间将大家闺秀的风采展露无遗。

在一张林徽因中学时在教会女子学校上学的照片上，一同入读的姐妹四人出落得亭亭玉立，气质不凡，徽因更甚。她已经不是几年前那个和姐妹们嬉笑打闹的小女孩了，曾经在姐姐膝下撒娇的小妹妹已安睡在另一个世界。这几年，无论世事还是家中，都发生了很大的变化，于林徽因而言，她需要承担起更多的责任。或许正是因为这样，那双秀丽的眼眸蒙上了一层抹不去的忧郁。

从氤氲的江南水乡来到这座尊贵的皇城，初晓人事的林徽因感到一种与历史相连的沧桑和沉重。自己仿佛是一粒微小的尘埃，没有人会注意到她的存在。虽然敏感多愁，但她也十分坚强，将自己和家都打理得干净漂亮。其实，在林徽因心中，自从祖父离世后，家已经变了，不再是往日安宁的归宿，而是一个需要时时小心的战场。在徽因十岁时去世的祖父，感受不到何雪媛和程桂林之间的波涛暗涌，但林徽因夹在中间却体验个明明白白。唯一能让她得到放松休憩的就是读书。这是属于她的世外桃源，在这个世界里，她可以暂时忘记那些没有硝烟的你争我夺，放下林家长女的身份，只做单纯的林徽因。

爱读书，容貌美丽又有才华，林徽因自然博得了老师和同学的好感。并且他们对她的喜爱是单纯的，仅仅因为她的优秀和可人。如果当年也有校花一说，林徽因当之无愧。她在学校里如鱼得水，与同学相处融洽，和表姐妹们叽叽喳喳地笑闹着。成年之后林徽因在朋友圈里是个公认爱说话喜辩论的人，好像她要把在"家"中压抑的情感统统释放出来一样。

两个女人的战争让林徽因敏感的心灵缠上了剪不断理还乱的藤蔓，有时几乎令她透不过气来。幸好还有书，有阳光明媚的学校、知识渊博的老师和单纯的同窗。这些夹缝中的阳光慢慢塑造了林徽因的性格，充实着她的认知。

诗词歌赋、历史典故这些旧学在林徽因的教育启蒙阶段就已经扎稳了根基，也是她事业的基点之一。教会学校的教学是现在流行的双语式，这给了林徽因一种全新的体验。另一扇门向她敞开了：自然科学和历史地理拓宽了她的知识面；音乐美术课程陶冶了她的艺术情操，对美的敏锐触觉融入了日后她对建筑的独到见解中；最重要的是英语的学习，让她进入了一个全然不同的文化世界，并不知疲倦地在其中徜徉了一生。

1917年，林长民卸任段祺瑞内阁司法总长，不久之后就与汤化龙、蓝公武去日本游历。林徽因在家感到寂寞无趣，还想着给父亲一个惊喜，便翻出家中收藏的诸多字画，一件一件地整理分类，编成收藏目录。待到林长民归来，徽因兴致勃勃地将目录拿给他看，满怀期望能得到嘉许。但林长民仔细阅读后指出了很多纰漏，让徽因情绪低落了好一阵子。她在父亲写给自己的家书上批注道："徽自信能担任编字画目录，及爹爹归取阅，以为不适用，颇暗惭。"

林徽因就像一株新鲜的栀子花，给这座沧桑大气的北方城市增添了诗意与柔情。栀子花清雅的香气徐徐飘散，美丽却不自知。很快，这株充满生机的植物，将带着满腹的才情与梦想，去往另一番天地，并在那里完成又一次人生洗礼。

1920年，林长民将赴欧洲考察西方宪制，并在英国讲学。此行，他决定携徽因同往。这次远行主要的目的是增长见识，接受更先进的教育和文化熏陶，其次是避开让人身心俱疲的琐碎家庭纷争。林徽因跟着父亲旅居国外一年多，这正是中国最传统的教育方式之一——游学。

我此次远游携汝同行，第一要汝多观察诸国事务增长见识。第二要汝近我身边能领悟我的胸次怀抱。第三要汝暂时离去家庭烦琐生活，俾得扩大眼光，养成将来改良社会的见解与能力。

这是林长民在致林徽因的家书里所写，他对这个乖巧聪颖的女孩寄予了厚望。

在那个诞生了无数传奇的年代，漂洋过海是一种时尚。十六岁的青春，将在伦敦的轻雾中绽放。当乘上远航的船，面对烟波浩渺的苍茫大海，林徽因头一次深刻地明白，自己不过是一朵微弱的浪花。这次远行让林徽因踏上了人生的新旅程，也意味着告别青涩的少女时代。她将看到与以往完全不同的新事物、新景致、新思想展现在自己面前。对一个行将成长成熟的女孩子来说这新奇将带给她鲜活、神奇的美丽。

虽然生于江南水乡，但海天一色、碧波万顷的风光仍然带给林徽因雀跃的欣喜。海鸥舒展双翼在船头盘旋着鸣叫，带着海水腥味的风吹起少女的长发和纱巾，朝阳落日把碧空烧出血来，又泼洒在海面上，那是大自然铺展开的最壮美的油画。眼前的一切让这个从东方来的女孩沉醉了，一时间，她仿佛身处小时候才能见到的仙境里，喜悦却又惶恐。

所谓诗酒趁年华，青春不挥霍也会过去，何必将自己长久地困于笼中？世间百态必要亲自品尝，世间美景也必要亲身置于其中，方能领略生命之珍贵。而漫漫长路，唯有亲自丈量，才能知晓它的距离。每个人从拥有这份生命开始，若可扬帆天涯，万万不要回避。一旦融入茫茫沧海，亦无须渴求回头。

这兴许就是人生的机遇吧，有些人喜欢在属于自己的狭小世界里守着简单的安稳，不惊不扰；有些人则情愿一生奔忙，努力寻找着适合自己的方向。林徽因正是后一种人，自告别江南的那天起，她就接受了命运的迁徙。

虽然林徽因在国内已经接受了英文教育，但一下子置身于全英文的陌生环境，还是有些不适应。尤其是父亲去欧洲大陆开会的日子，十六岁的少女不得不独自挨过，想法子打发从早到晚的孤单。也就是在这段日子，林徽因阅读了大量书籍，名家的小说、诗歌、戏剧她都一一涉猎。在伦敦时，林徽因也经常以女主人的身份加入父亲的各种应酬，由此与众多文化名流有过接触。这给她后来的文学创作奠定了深厚的基础。她有过游学经历，又得著名学者点拨，因此她在文坛上的起点高于同时代许多女作家。

倘若没有那次漂洋过海的经历，林徽因的生命轨迹大约会走入另一个方向。但无论怎样，以她的聪慧都能把握得很好。那时的她虽然还未想过风云不尽，却已经开始在自己的脑海中筑就梦想。

伦敦永恒的轻雾

有人说，爱一座城市，爱的其实是这座城市里的某一个人。所以，在倾心一座城市之前，请先在这里谈一场恋爱，如此，便可把心安然无悔地留在这里。爱的人不走，你的心，就永远不会离开。

徐志摩说，康桥是他的爱。这里让他觉得幸福，幸福得从未忘怀。多年后，当他故地重游时，仍然向这座如梦似幻的城，倾弹了深情的夜曲。这样浓厚的感情，或许正是因为，他曾在这里爱过一个年华正好的美丽女子。

感情的事总是很玄妙，有的人日日在你眼前，你却对其视而不见；可有的人，只一眼，便是一世的牵挂。徐志摩何曾想过，他为了追寻罗素，从美国辗转来到英国，罗素没有见到，却认识了让他只看一眼，便记挂了一生的林徽因。

那天，徐志摩听说国际联盟同志会理事林长民先生将在伦敦国际联盟协会上发表演说。对于仰慕已久的前辈，他早就想一睹风采，听说林长民这次来伦敦演讲，便拉了同在伦敦的陈西滢与章士钊一同前往。从此，林长民与这位才华横溢的诗人便成了忘年交。

　　林长民很喜欢这位年轻的朋友，一见面便引为知己。此后，徐志摩便常到林长民的家里喝茶，聊天，说点政治，谈点诗艺。也正是在这时，徐志摩认识了林长民的女儿——林徽因。

　　依着父亲的意思，她到这儿来，为的是增长见识；同时领悟父亲林长民的胸怀与抱负，扩大眼光"养成将来改良社会的见解与能力"。这样的抱负，徐志摩在初见林徽因时，定是无法觉察出来的。

　　这时的林徽因，只是一个十六岁的花季少女，仿佛刚从烟雨蒙蒙的南国小巷里走出，带着一身水漾的诗意与清丽，优雅而灵动。她的美犹如一件精美的瓷器，让徐志摩一眼，便是一世。

　　在那个关乎理想的时代，爱情似乎也沾染上理想的色彩。偏偏，徐志摩是个浪漫的理想主义者，难怪很多人说，徐志摩对林徽因热烈的爱，只是一种理想。在他眼中，林徽因是新女性，自小便受过新式教育，十六岁便跟着父亲游历欧洲，眼界开阔，会流利的英文，结交了众多外国名士……这样的女人，与徐志摩的发妻张幼仪相比，自然一个天上，一个地下。

　　就这样，徐志摩恋爱了，第一次，以自由的名义，从他的灵魂深处爱上了这个从自己的理想中走出来的女子。纵使他爱的只是那个被自己理想化了的形象，又如何？他生来就是为了理想而前行的。

　　在这个灵气逼人的女孩面前，他叫她"徽徽"。有了徽徽的

生活一下变得丰富起来。他所有的情感都能向她倾诉，他所有的
理想与追求都可以被她理解，他每一次的诗意的激情都能得到她
热情的回应。

于是，徐志摩开始了对林徽因的热烈追求。他想用自己的热
烈换她的一个未来。只是，缘分就是这般捉弄人，那时的徐志摩
已为人夫、为人父，骄傲如林徽因，是无论如何也不允许自己不
是感情里的那个"唯一"。另外，初识徐志摩，林徽因终归是个
十六岁的女中学生，对他更多的是一种尊敬与仰慕。

此时的林徽因，面对徐志摩的追求有惶恐，也有羞涩，就像
每一个初识爱情的少女，内心的欢喜撒满一地，却不知该如何拾起。
在伦敦，林徽因由于父亲到瑞士开国联大会，过着"闷到实在不
能不哭"的日子，用她自己的话说，当时总希望生活中能发生点
浪漫，而所有浪漫之中，最要紧的是，要有个人来爱她。

徐志摩的出现，仿佛是一阵奇异的风吹过林徽因的心头，她
诗意的灵性也仿佛一下子从懵懂与彷徨中看到了光亮。

> 那一晚我的船推出了河心，
> 澄蓝的天上托着密密的星。
> 那一晚你的手牵着我的手，
> 迷惘的星夜封锁起重愁。
> ……
> 那一天你要听到鸟般的歌唱，

那便是我静候着你的赞赏。
那一天你要看到零乱的花影，
那便是我私闯入当年的边境！

　　这首《那一晚》，写下了康河柔柔荡漾的水波旁，一个少女内心的悸动。如果说，徐志摩的爱像不断跳荡的欢乐音符，欢快热烈，无遮无挡，那么，林徽因的感情就像伦敦永恒的轻雾，轻轻晕出迷蒙的暧昧，不愿说破，亦不可说破。

康桥烟雨——从未贪恋

许多年后，当"康桥"二字再次在她脑海里闪过时，那一抹淡色的甜蜜已不在，只剩一些支离破碎的斑驳掠影，等待一切尘埃落尽。仿佛，那康桥烟雨中的匆匆一瞥，只是一场缥缈虚幻的梦。在梦里，她爱过、怨过、念过、欣喜过、盼望过，却从未贪恋过。

那是一段清浅的时光，它的名字，唤作"康桥"。康桥，唯有这样唯美而诗意的字眼，才配得上那场倾城之恋。

康桥的雨雾，从来无须约定，常常不期而至。谁也不曾想到，一场异国的偶遇，竟让两个年轻人在这里找到了相似的自己。

假如我是一朵雪花，
翩翩的在半空里潇洒，
我一定认清我的方向——
飞扬，飞扬，飞扬，——
这地面上有我的方向。

不去那冷寞的幽谷，

不去那凄清的山麓，
也不上荒街去惆怅——
飞扬，飞扬，飞扬，——
你看！我有我的方向！

在半空里娟娟的飞舞，
认明了那清幽的住处，
等着她来花园里探望——
飞扬，飞扬，飞扬——
啊，她身上有朱砂梅的清香！

那时我凭借我的身轻，
盈盈的，沾住了她的衣襟，
贴近她柔波似的心胸——
消溶，消溶，消溶——
溶入了她柔波似的心胸！

这首《雪花的快乐》是徐志摩写给心中的一位少女的诗，她，就是林徽因。

他遇见她，爱上她，好似如梦初醒一般，原来，她才是那个与自己灵魂相惜的伴侣。他们之间有许多共同语言，而不是像徐志摩与张幼仪那样，相对无言。

　　他谈自己的求学经历、政治理想；他们讨论着济慈、雪莱、拜伦和狄更斯，丝毫不觉时间飞逝，光阴流转。此刻，时间之于他们是静止的，那一刻，他们在各自的灵魂里看到了壮美的天地。

　　伦敦烟雨蒙蒙，笼罩着少女湿润的眼睛，看不真切却无限动人。这对年轻人漫步在康河畔，听着教堂里飘出晚祷的钟声，悠远而苍凉。金发白裙的少女坐着小船从桥下穿过，青春的笑声撞开了雾和月光的帷幕。像所有坠入爱河的年轻人一样，她是他心里一道温暖的溪水，浅浅流淌，驱走了所有的阴冷灰暗。

　　只是，天不遂人愿。就在一切看似花好月圆时，林徽因却不辞而别，选择跟随父亲回国。就这样，徐志摩与林徽因走向了命运的分岔口，那些曾经缱绻婉转的黑白剪影，被遗失在过往的岁月里，渐渐模糊。

　　古欧洲的贵族之间曾流行一种圆舞，每个人都要绕过好大一圈，兜兜转转，走过许多人，经历许多时间，才能走到自己的舞伴面前。它就像生命的隐喻，旅途中有人走近，有人离开，我们只能在自己的世界里，等待人来人往，接受命运的派遣。

　　人间情爱大抵如此。当年的落花流水，情意绵绵，到底谁有意，到底谁无情。又或许，本就没有过情意之说，不过是时间虚惘的角落里，滴落的时光。是残骸，是碎片，拼不成一段完整的情。

　　"他如果活着，恐怕我待他仍不能改的。事实上太不可能。也许那就是我不够爱他的缘故，也就是我爱我现在的家在一切之上的确证。"林徽因说这番话时，康桥之恋已经过去十一年，她的生活已然平静安稳。也许，她的骨子里还存有少女般的浪漫，梦里，她可以比谁都诗意，一旦天明，又比谁都清醒。

我们倾其所有，总希望能在爱情里修得满分。然而，世间圆满不易寻，缺憾倒俯拾即是。

总有尘埃落定的一刻，你有你栖息的心田，我有我停靠的港湾，爱情原本就是这样清洁，互不相欠。转身天涯，各自安好，世间就算烟火弥漫，也不会再有伤害。

离开是一个人的决定

遇见是两个人的事，离开却是一个人的决定。林徽因的突然回国让徐志摩的心情跌到了谷底，此时的他就像一只落单的候鸟，焦急地拍动着疲惫的双翼，却终究得不到任何回音。

认识林徽因时，徐志摩已是有妇之夫，他早在十九岁那年便与张幼仪结为夫妻，并育有一子。只是，他对妻子并无感情可言，甚至认为张幼仪是自己这次理想爱恋的最大阻碍。于是，为了挽回那段单纯而美好的康桥之恋，徐志摩毅然地成了"中国第一个离婚的男人"。

1922 年 9 月，徐志摩乘坐日本商船返回上海。六个月前，他写信给妻子张幼仪，开诚布公地谈了自己对婚姻和爱情的理解：

真生命必自奋斗自求得来，真幸福亦必自奋斗自求得来，真恋爱亦必自奋斗自求得来！彼此前途无限……彼此有改良社会之心，彼此有造福人类之心，其先自作榜样，勇决智断，彼此尊重人格，自由离婚，止绝苦痛，始兆幸福，皆在此矣。

不久，徐志摩就同张幼仪协议离婚。

此时，这个男人已经为他的所爱抛下了一切，即使顶着抛妻弃子的罪名，也在所不惜。这或许就是爱情盲目的一面，在它炫目的光芒下，人们失去了理智，迷失了方向。

为何恋爱中的人总是陷入不可救药的无理性状态之中？因为当下，他们只看得见自己想看见的东西。徐志摩也是这样。当他中了名为"林徽因"的毒时，便只看得见她对自己的倾慕，却看不到一个情窦初开的少女，在第一次面对男性追求时的懵懂与迷惑。所以，他的爱因她的倾慕而更加热烈。

只是，该去的都去了，该来的能如期而来吗？

不久，恢复单身的徐志摩抵达上海。刚刚下船，他就接到了一个宛如晴天霹雳的消息：林徽因和梁启超的大公子梁思成将缔结婚约。顿时，徐志摩呆若木鸡。耐不住这份煎熬，一个月后，徐志摩坐上了北上的火车，他一定要亲口向林徽因求证。可是，他并未在林家见到她，而是看到梁思成与林徽因独处时，一张贴在门上的便条，明言勿扰。一时间，徐志摩心里的哀伤在眉宇间蔓延开来。

不久，徐志摩的恩师梁启超从上海寄来一封长信。梁启超一直以为徐志摩和张幼仪彼此再不能相处，所以也没有反对他们离婚。但他听张君劢（幼仪哥哥）说，徐志摩回国后和张幼仪"通信不绝"，"常常称道她"，觉得很奇怪。梁启超给了学生两条忠告：万万不可把自己的快乐建立在弱妻幼子之上；真爱固然神圣，但可遇不可求，不可勉强。信写得情真意切，语重心长。当即，徐志摩给梁启超回了一封慷慨激昂的信，其中一句便是："我将于茫茫人海中访我唯一灵魂之伴侣，得之，我幸；不得，我命，如此而已。"

但凡爱情，都有保质期，如同鲜花，该谢的时候就会谢。有时候，缘分无法捉摸，也许你还爱着，对方却已转身，珍惜曾经拥有的缘分，缘分尽了就放手，哪怕是流着泪，哪怕还需要更久的时间去疗伤，也不要将曾经美好的回忆都化作虚无。若分开，便是缘分还不够，那就选择随缘吧，将那些悠然的往事留在记忆的彼岸，等待时光将它遗忘。

这一段感情，于林徽因而言，是少女温柔的爱情之梦，之于徐志摩，则是诗人浪漫自由的理想之爱。然而，对于张幼仪来说，却是人生里最痛苦无助且无法磨灭的煎熬。

对于已经不再爱的那个人，有人选择继续做朋友，有人老死不相往来。这两种态度不能说谁对谁错，因为性格决定人生选择，而无论以何种关系继续以后的生活，都要保证自己不被那种关系所困扰。林徽因和徐志摩此后一直是好朋友，因为林徽因够理智够清醒，她知道自己的心已经给了梁思成，再无可能与他分开，所以才能坦然地与徐志摩相处。

人的一生终究是一个人的一生。不是说要孤独终老，而是大家各自有所追求，有缘分就相遇，有缘无分，情深缘浅是常事，分开也未必就会痛苦得无法自持。人生如戏，一场落幕下一场又要开始，自然也不必过分耽于昨天。你记得也好，你忘记也罢，生命本就如轮回一般，来来去去，何曾为谁有过丝毫停歇。

刹那惊鸿，一切只是刚刚好

感情之事，向来亦无道理可言。有些人注定没有感情的交集，纵使才情翩翩的富家公子与端庄善良的大家闺秀结为连理，也丝毫泛不起半点情之微澜。徐志摩与张幼仪便是如此，因为无法在彼此的生命里种下爱情与惬意，所以，一路颠沛，终于失意。而有的人，则是无涯的时间荒野里，缘分注定的相遇，如同林徽因与梁思成，没有早一步也没有晚一步，一切，只是刚刚好。

十四岁那年，林徽因在教会女校上中学，一天，一个文质彬彬的少年到林家拜访。他戴着眼镜，却眼神坚毅，只是神态有些局促不安，这让林家大小姐觉得十分有趣。林长民曾告诉过她，这个少年是他的好朋友，鼎鼎大名的维新派领军人物梁启超的长子——梁思成。

梁思成走后，林徽因的二娘程桂林打趣地说："宝宝，这个梁公子怎么样？你爹爹打算招他当女婿呢。"听完这话，徽因立刻羞红了脸，低头跑开了。二娘不会无缘无故说这话的，林长民跟她走得近，必然跟她提起过什么。

对于父亲第一次见到母亲的情景，梁思成的女儿梁再冰在《回忆我的父亲》中写道：

门开了，年仅十四岁的林徽因走进房来。父亲看到的是一个亭亭玉立却仍带稚气的小姑娘，梳两条小辫。她的双眸清亮有神采，五官精致有雕琢之美，左颊有笑靥；浅色半袖短衫罩在长仅及膝下的黑色绸裙上；她翩然转身告辞时，飘逸如一个小仙子，给父亲留下了极深刻的印象。

梁思成对林徽因可能并非绝对的一见钟情，但定然是有好感的。从梁再冰的记述可以看出，林徽因和梁思成身边的女孩都不一样，或许，正是这股特别的清新气质，使他对这个女孩有了格外的好感。

只是在那天后，林徽因的父亲再也没在女儿跟前提过梁思成。她与那个少年的再次相遇，是在三年之后。

1921 年 10 月 14 日，结束了一年多的欧洲游学，林徽因和父亲乘坐"波罗加"号邮轮从伦敦转道法国，踏上归国的旅程。回国后，父亲留在上海，她回到北京的教会女中继续上学。

之后，她与梁家的来往越来越频繁，在谈到各自的理想时，梁思成说，他将来或许会跟他的父亲梁启超一样，从事政治。对此，林徽因不以为然，她说："从政需要磨炼，也需要天赋。古往今来，把政治之路走得顺风顺水的人不多，即使我的父亲，也许还有尊驾——不好意思，唐突了，不过这不是我操心的，我感兴趣的是建筑。"

这话让当时二十岁的梁思成感到惊讶："建筑？你是说，盖房子，女孩子家怎么做这个呢？""不仅仅是盖房子，准确地说，是 architecture，叫建筑学或者建筑艺术吧，那是集艺术和工程于一体的学科。"林徽因对此解释道。

她异于同龄女孩的开阔眼界、敏捷思维以及优雅的谈吐和出落得越发美丽的容貌，打动了梁思成。回到家后，他跟父亲确定了两件事：第一，他要把建筑作为终生的事业和追求；第二，他想要约会林家大小姐。

对此，梁启超十分赞同："徽因这孩子不错，爸爸早就支持你们交往，其他的，就要随缘分了。"这是当时梁启超希望看到的情况：父母留意，确定人选，然后创造适当的机会让两人接触，两人经过充分的了解，自由恋爱后结合。这是这位维新派大人物心目中"理想的婚姻制度"。

梁家的大小姐梁思顺就是父亲"理想的婚姻制度"的实践者。梁启超选定的得意女婿周希哲，原本出身寒微，但后来成为驻菲律宾和加拿大使馆总领事，对梁思顺和梁家都很好，这是梁启超一直引以为傲的。1923 年 11 月 5 日他给女儿写信说：

……徽因我也很爱她，我常和你妈妈说，又得一个可爱的女儿……我对于你们的婚姻，得意得了不得，我觉得我的方法好极了，由我留心观察看定一个人，给你们介绍，最后的决定在你们自己，我想这真是理想的婚姻制度。好孩子，你想希哲如何，老夫眼力不错罢。徽因又是我第二回的成功。

对于梁思成的追求，林徽因并未拒绝。日后，他们时常在环境优美的北海公园游玩，一起逛太庙，偶尔也会去清华学校看梁思成参加的音乐演出。或许，与诗人徐志摩相比，梁思成少了些浪漫温柔，却多了一份踏实稳重。更重要的是，梁思成与林徽因年龄相仿，他们之间的交流很轻松愉悦，而不是那种混合着忧愁与负罪感的沉重。

事情进展颇顺，这对金童玉女相处愉快，彼此好感与日俱增。林徽因的父亲林长民一方面看好梁思成，一方面也希望女儿早日断了对徐志摩的念想。

不久，林徽因同梁思成一起赴美国留学。

病榻相守，不离不弃

爱情，是一段漫长的旅途。相识、相知、相恋、相爱，不到最后，谁也无法参透故事的结局。而这沿途的风景，无论美丽与厚重，已是旅途的意义。

内心温良的女子，只想在天地里寻得一处，与相爱的人，携手一生，安稳度日。这平常女人的美好希冀，林徽因都得到了。这终是她想要的，拥有浮世里最安静的烟火，感悟生命里最难言的幸福。她，正朝着自己想要的生活，缓步而去。

和徐志摩分开后，林徽因回到国内潜心读书。在那段清净的时间里，她好好地审视了自己的感情和未来的婚姻。论才华诗情，她更倾向于徐志摩，这一点，她的父亲林长民也同意。但两个姑姑坚决不同意。

但是，这个女子自尊心强也骄傲，彼时的徐志摩刚离婚，嫁给他就意味着自己是"小"。这不但会辱了林家的名声，也会使她遭到闲言碎语。她是那么看重自尊，那么骄傲，做"小"这样的事怎么会发生在她身上！梁思成又待她如此，她也欣赏他的才华。虽然这么做，对不起一往情深的徐志摩，看到他伤心的模样她也一样痛苦。但是她必须做出一个尽量让大家都满意、顾全大局、损失最小的选择。

这就是林徽因。当年她只有十八岁，却能如此冷静地抉择自己的人生。

一切的转折，发生在梁思成遭遇的一次车祸之后。其间，林徽因特意从学校请假来医院照顾梁思成。她寸步不离地守在梁思成的病床前，悉心照料。梁思成因为刚动过手术，身子不能动弹，但精神一下子好了很多。

怕梁思成无聊，林徽因经常拿报纸来给他读新闻。有一回，她给梁思成看《晨报》，开玩笑地说："你看，你成明星啦。"原来，他出车祸的消息上了头条。梁思成看了一眼，苦笑着说："这我倒不感兴趣，你在这儿陪我，就是我三生有福了。"

梁思成出院时，林徽因带着一束花来接他。这时，她已经从女中毕业，考取了半官费留学。

大概就是这场车祸坚定了林徽因和梁思成一道走下去的信念吧。这段时间，两个年轻人的频繁接触，让林徽因看清了自己的心，她和梁思成再也不能轻易地离别了。

这便是冥冥之中的缘分。

大千世界，茫茫人海，两个人能相逢已是难得的缘分，若能相恋，更是绝妙的命数安排。有人说，两个人的相遇、相知、相守，是老天爷的恩赐，是上苍的安排。不然，怎么那么多人从我身边走过，我却偏偏对你情有独钟？又怎会在大千世界收获你那份忠贞炙热的情感？

　　能相爱，必定有牵手的理由。真爱也必是这样，随心而走，不问归期，不问归程，只有两颗心的相依相伴。能在人海之中遇见所爱之人，这是怎样的一种幸运和幸福。

　　年轻时，我们都有做梦的资格。只是，错过了做梦的年纪，想要肆无忌惮就得付出代价。林徽因选择了清醒，便毅然与梦作别。同时代许多女性为了爱情换得一身致命伤，唯独她没有那些悲绝的回忆。

　　林徽因的每一步选择，也许并非完美无缺，但总归是向着安然的方向行驶。具有同样的才情与美貌，她却不是那清高遗世、痴情至死的林黛玉，而是努力让自己俯落红尘，与众生一起饮食人间烟火，且灵魂洁净。

苍松竹梅三友图

滚滚红尘，沧海桑田。执着的心，究竟要承载多少思念，才能历尽千帆，抵达岁月的彼岸。那把酒言欢的且斟且饮，那痴情曼妙的自我陶醉，都已化作万丈红尘里，凄绝的思思念念。

1924 年 4 月 23 日，墨绿色的车厢如同从远海归航的古船停泊在了北京前门火车站的月台上。一群文化名人打扮一新，严肃的神情中透出期待和焦急。梁启超、蔡元培、胡适、梁漱溟、辜鸿铭、林长民等人或西装革履，或长衫飘逸，个个气度不凡。万绿丛中一点红的林徽因，身着咖啡色连衣裙搭配米黄色外套，素净淡雅。她手捧一束红色郁金香，年轻娇美的面容被衬托得更加动人。

此次访华的，是刚刚获得诺贝尔文学奖的诗人——泰戈尔。来到这个心向往之的东方国度，这位印度诗人被每一处踏访的遗迹深深吸引。泰戈尔访华的演讲稿是徐志摩事先翻译好的，诗哲的行程也是他精心安排的。其间，徐志摩作为泰戈尔的好友和翻译，一直陪伴在他身边。

林徽因的情感也许没有诗人那么外露和激荡，但是她的内心也无法平静。对于泰戈尔那些脍炙人口的名作，爱诗的林徽因早已烂熟于心，她时刻都在盼望着能够早一点儿见到这位睿智的偶像。

鸽哨清亮悠扬地划过如洗碧空。日坛公园的草坪修剪一新，阳光铺展其上，每一片草叶都闪耀着淡淡的金色光泽，散发出令人心情舒畅的植物的清香。那是一种令人想起梦境中的故园的清香，遥远、古老而又安宁。

欢迎泰戈尔的集会就在这片草坪上进行。在林徽因的搀扶下，泰戈尔登上演讲台，担任同声翻译的则是徐志摩。当天，北京城的各大报纸都在头条报道了这次集会的盛况。说林小姐人艳如花，和老诗人挟臂而行，加上郊寒岛瘦的徐志摩，犹如苍松竹梅的一幅"三友图"。林徽因的青春美丽、徐志摩的风度翩翩和诗哲的仙风道骨相映成趣，一时成为城内美谈。

5月8日，四百位京城最著名的文化界名人出席了泰戈尔六十四岁的生日宴会。为给这位远道而来的诗哲祝寿，新月社排演了取材于印度史诗《摩诃婆罗多》的《齐德拉》。

这是一个与爱情有关的故事，在这个故事里，观众最关注的不是王子公主，而是扮演公主和爱神的林徽因与徐志摩。在表演中，他们很快进入情境，赢得了观众热烈的掌声。

尽管演出大获成功，此时的梁家却高兴不起来。当时，周围的朋友都知道徐、林二人余情未了，特别是徐志摩，一直没有完全放弃追求林徽因，这几乎是公开的秘密。他回国后一直殷切地待她，如初见一般温柔热切。或许，林徽因曾有过短暂的挣扎，但她最终选择远离感情的是非，同梁思成一起远赴美国读书。

林徽因与徐志摩之间的爱情苏醒宛如一次生命的回光返照，他们终究会渐行渐远，消失在彼此的世界。原来，爱情也是这般脆弱。

大抵，世间的爱情只有两条路：爱或不爱。大多数时候，爱情不会顺着各自的意愿前行，某些时刻，它就如同初生的牛犊，人们 越想抓住，它就越想走开。爱不是来得太快，就是来得太迟，美丽的错误往往最让人难以抉择。

在一段孤寂清冷的日子里，我们能够给予对方渴望得到的温暖，安抚对方那颗跳动不安的心，静静聆听对方如痴如醉的呢喃，默默注视对方如梦如花的表情，悉数着生活中所发生的点滴。记住那些让人微笑又温暖的细节，这已是人间佳话。

伤心康大

　　很多人在谈婚论嫁时会说：最好的未必是最合适的，只有最合适的才是最好的。就像安妮宝贝说的，爱一个人，是一件简单的事，就好像用杯子装满一杯水，清清凉凉地喝下去，你的身体需要它，你感觉自己健康和愉悦，以此认定它是一个好习惯，所以愿意日日夜夜重复。

　　对于林徽因而言，梁思成就是自己那杯让人愉悦、舒心的"水"。

　　与梁思成的相处让林徽因感觉到，原来爱情也可以如此简单、轻柔，被一个人真心地爱着，并毫无顾忌地去爱对方，竟是这样的幸福与丰盈。这是她小时候在父母的感情里所不曾见到过的，也是在与徐志摩的相处中不曾体会到的。而梁思成，则让她美梦成真。

　　1924 年 6 月，林徽因与梁思成双双来到美国，前往康奈尔大学读预科班，为正式读大学做准备。一同来美国就读的，还有梁思成在清华的好友兼室友陈植。

　　康奈尔大学位于两道峡谷之间，三面环山，另一面，是水光潋滟的卡尤佳湖。林徽因喜欢这里的山光水色，那种大自然的美有一种中国山水画的意境，引发了她淡淡的乡恋。

这里的美景让这群意气风发的年轻学子陶醉其中，西方式教学的开放创新也使他们在这里如鱼得水。每天清早，梁思成和林徽因就会携着画具，伴着鸟鸣去野外感受大自然生动的色彩，让心灵得到前所未有的释放。

最吸引他们的，还是康大的校友会。校友会在一栋淡黄色的雅致建筑里举办，大厅里陈列了康大自成立以来历任校长的肖像油画。栗色的长桌上，陈列着每一届毕业生的花名册，记录了他们在学术上和社会上的贡献与成就，以及他们对母校的慷慨回馈。

在校友会上，两位远道而来的中国学生结识了许多新朋友，大家经常聚在一起畅谈理想，讨论人生，有时也会举办舞会，生活比在国内快乐许多。只是，新鲜的异国生活，并不能搬走压在他们心里的那块石头。

因泰戈尔访华崭露头角的林徽因，非但没有改变梁思成的母亲李夫人对她的偏见，反而因为与徐志摩的"藕断丝连"令李夫人更加不满。梁思成常常收到大姐梁思顺的信，信中对林徽因责难有加。特别是最近的一封，说母亲重病，也许至死都不会接受徽因做梁家的儿媳妇。

听到这个消息，林徽因非常伤心，梁思成也很焦急，不知该怎样安慰她。林徽因本就是个骄傲的女孩，她无法忍受李夫人和大姐的种种非难，更不能接受他人对自己的品行有任何的质疑。于是，她与梁思成商量，等康大的课程结束后，她不准备和他一起去宾夕法尼亚大学了，她要一个人留在康奈尔，在这恬静的景致下为自己疗伤。

此时此刻，远在北京独自伤心的徐志摩接到林徽因的一封来信。信的内容很短，只说希望能收到他的回信。不用写什么，报个平安也好。

一时间，徐志摩已经冷却的希望仿佛被重新点燃。他生怕写信太慢，连忙跑到邮局发了一封加急电报给林徽因。回到寓所，抑制不住激动心情的徐志摩准备好纸笔，想要立刻给林徽因去一封信。然而，信没写成，一首诗却如云霞般落在纸上：

阿，果然有今天，就不算如愿，

她这"我求你"也就够可怜！

"我求你，"她信上说，"我的朋友，

给我一个快电，单说你平安，

多少也叫我心宽。"叫她心宽！

扯来她忘不了的还是我——我，

虽则她的傲气从不肯认服；

害得我多苦，这几年叫痛苦

带住了我，像磨面似的尽磨！

还不快发电去，傻子，说太显——

或许不便，但也不妨占一点

颜色，叫她明白我不曾改变，

咳何止，这炉火更旺似从前！

我已经靠在发电处的窗前；
震震的手写来震震的情电，
递给收电的那位先生，问这
该多少钱？但他看了看电文，
又看我一眼，迟疑的说："先生，
您没重打吧？方才半点钟前，
有一位年轻先生也来发电，
那地址，那人名，全跟这一样，
还有那电文，我记得对，我想，
也是这……先生，您明白，反正
意思相像，就这签名不一样！"

"咦！是吗？噢，可不是我真是昏！
发了又重发；拿回吧，劳驾，先生。"

当这封信寄到林徽因手中时，她已经在医院的病床上躺了好几天。她发着高烧，分不清是在梦里还是醒着，是幻觉还是真实。当她终于张开双眼的时候，看到的是淡金色的阳光洒在窗帘上，温暖却不刺眼。她艰难地动了一下，稍稍转过头，床头有一束新鲜的花，刚刚从山野采来的花，露水还未来得及蒸发掉，在花瓣上晶莹闪烁。

在林徽因住院这段时间，梁思成每天早晨采一束带露的鲜花，骑上摩托车，准时赶到医院。每天一束鲜花，让林徽因看到了生命不断变化的色彩，也让她渐渐读懂了他的心。一连许多天，她的心都腌渍在这浓得化不开的颜色里，沉醉不已。

这或许，才是林徽因心中一直向往的爱情吧，两个人能倾心交谈，静静相守，无须血肉纠缠，不依不饶。只是这样，淡淡的，在一起，在彼此的眼睛里看到暖意。

最美时光

　　世间甘苦，唯有尝尽，才解其中味。笃定的感情，唯有磨合，方能香溢永恒。

　　1924 年 9 月，梁思成和林徽因结束了两人在康奈尔大学的暑期课程，一同前往宾夕法尼亚大学读书。成立于 18 世纪的宾夕法尼亚大学属于常春藤大学联盟，它为全美最好高校之一。

　　很快，梁思成便入读了建筑系，林徽因却无法顺利进入建筑系。原因是，建筑系学生经常需要熬夜画图，女生处在这样的环境会比较危险。与从少女时期就心向往之的建筑艺术无缘，林徽因只好选择了同建筑系相关的美术系，并且选修了建筑系的主要课程。

　　这样，林徽因和梁思成就成了同窗，一同上课，一同完成设计作业。没课的时候，林徽因、梁思成就会约上早一年到宾大的陈植，去校外郊游散步。兴致好的时候，他们便坐上车子到蒙哥马利、切斯特和葛底斯堡等郊县去，观看那里的名胜古迹。

　　林徽因和梁思成对那里的盖顶桥梁十分感兴趣，常常流连忘返。有时，三个人也会去逛逛集贸市场。在农家的小摊上，他们总能买到各种新鲜的水果和蔬菜，林徽因喜欢吃油炸燕麦包，梁思成却喜欢黎巴嫩香肠和瑞士干奶酪。在这样简单、惬意的环境下，他们度过了人生从未有过的美好时光。

1926 年 1 月 17 日，一个美国同学比林斯给她的家乡的《蒙大拿报》写了一篇访问记，记录了林徽因在宾大的学习生活：

她坐在靠近窗户能够俯视校园中一条小径的椅子上，身体俯向一张绘图桌，她那瘦削的身影葡匐在那巨大的建筑习题上，当它同其他三十到四十张习题一起挂在巨大的判分室的墙上时，将会获得很高的分数。这样说并非捕风捉影，因为她的作业总是得到最高的分数或是偶尔得第二。她不苟言笑，幽默而谦逊，从不把自己的成就挂在嘴边。

或许是因为，林徽因那太过早熟、压抑的童年，让她能在这个自由的环境里感受到更大的快乐和放松。这一株青春的树，终于可以肆无忌惮地碰触阳光了。这里的氛围是明朗的，同窗好友充满朝气的笑声让人越发感到年轻的活力。她可以大声地讲笑话，开心地笑闹，没有人会干涉她。严格的父亲，愤愤不平的母亲，畸形的家庭关系……这些纠缠她多年的束缚终于解开了。在这个新世界，每个人都心无芥蒂地喜欢着她。虽然功课繁重，但她仍然可以和同学看戏、跳舞、聚会。她加入了"中华戏剧改进社"，生活看起来真是好极了。

对于林徽因来说，她漂洋过海来到美国，是为了追逐自己的建筑梦，却因为性别就被轻飘飘地拒之门外，要强的她并不就此甘心。虽然只是建筑系的旁听生，但她和其他正式的学生一样认真上课，完成作业，交报告，因此，成绩总是数一数二。

天道酬勤，很快，林徽因的努力便得到了回报。从1926年春季开始，她就成为建筑设计教授的业余助教，并在1926—1927学年升为该专业的业余教师。林徽因外表美丽，能讲很棒的英文，而且活泼健谈，走到哪里都是焦点，所以，很受大家的欢迎。

与之相反，梁思成更加沉着理性。林徽因的思维活跃，富于创造性，常常是先画一张草图，随后又多次修改，不满意的便丢弃，当交图期限临近时，梁思成便会帮助她，以自己那准确、漂亮的绘图功夫，把林徽因绘制得乱七八糟的草图，变成一张清楚而整齐的作品。

林徽因脾气急，梁思成性格好，两个人在一起，既志趣相投又性格互补，是最好不过的了。所以，尽管偶尔也少不了三言两语的龃龉，但他们之间的感情终归是越来越笃定、深厚。这也是后来，他们的婚姻能稳固几十年的一个重要原因。有了充分的了解与磨合，两人在相恋、争吵和怀疑的过程中找到了平衡，所以，便可牢牢系住对方，相互偎依，静静走完这一世。

在宾夕法尼亚大学，两人有过欢笑，也共同承担了失去亲人的痛楚。入校不到一个月，梁思成就接到了母亲病逝的电报。考虑到孩子们刚刚安顿下来，梁启超几次三番致电叮嘱梁思成不必回国奔丧，只梁思永一人回去便可。梁思成是家中长子，母亲重病期间别说床前尽孝，就连去世也没法回去见最后一面，这如何不让他悔恨交加？看着梁思成伤心欲绝的样子，林徽因知道现在说什么也没用，她能做的就是陪在他的身边，安慰他，表达自己的关切。

后来，两人在校园后面的山坡上做了简单的祭奠，梁思成流着泪烧了写给母亲的祭文。林徽因采来鲜花和草叶，编织了一个精巧的花环，挂在松枝上，朝着家乡的方向。

丧母的悲痛还未完全平复，又一个晴天霹雳炸响了。这次痛失至亲的变成了林徽因。十五个月后，梁启超从国内来信，告知林徽因的父亲林长民在"反奉"战争中身亡。

这是二人面临的第二次丧失亲人的痛楚，林徽因又病倒了。她执意要回国，却被梁启超频频发来的电函阻止。梁启超曾在写给梁思成的信里说：

我和林叔叔的关系，她是知道的，林叔的女儿，就是我的女儿，何况更加以你们两个的关系。我从今以后，把她和思庄（注：梁启超二女儿）一样地看待，在无可慰藉之中，我愿意她领受我这种十二分的同情，渡过她目前的苦境。

这段时间，梁思成每天陪伴在她身边，徽因吃不下饭的时候，他就去学校的餐馆烧了鸡汤，一勺一勺地喂她。他成了她重要的精神支柱。也只有在这样的彼此关照里，他们才获得了勇气，慢慢从悲痛中走出。

1927 年，林徽因结束了宾夕法尼亚大学的学业，获美术学学士学位，四年学业三年完成，转入耶鲁大学戏剧学院学习舞台美术设计半年，成为我国第一位在国外学习舞美的学生。这年 2 月，梁思成也完成了宾大课程，获建筑学学士学位，为研究东方建筑，转入哈佛大学研究生院，7 月，他又获得了宾大建筑学硕士学位。

彼时，他们曾为同一个梦想来异乡求学，而数年后，走过那段多梦的青葱岁月，他们执手患难，历经波折，终于要修成正果。

1927 年 12 月 18 日，梁思成与林徽因的订婚仪式在北京的家里按照传统礼仪举办。次年 3 月 21 日，两人在加拿大渥太华举行婚礼。

在中国驻加拿大总领事馆的教堂里，林徽因穿着自己设计的嫁衣——具有中国传统风格的"凤冠霞帔"，领口和袖口都配有宽边彩条，头戴装饰有嵌珠、左右垂着两条彩缎的头饰。与她并肩而立的梁思成一身简洁庄重的黑色西装，端正的面孔更加神采飞扬。

佳偶天成。从此，山高水远，他们将一起走过。

宁坐寂寞的船，独自拉纤

请你告诉志摩，我这三年来寂寞受够了，失望也遇多了，现在倒能在寂寞和失望中得着自慰和满足。告诉他我绝对地不怪他，只有盼他原谅我从前的种种的不了解。但是路远隔膜，误会是所不免的，他也该原谅我。我昨天把他的旧信一一翻阅了。旧的志摩我现在真真透彻地明白了，但是过去的算过去，现在不必重提了，我只永远记念着。

林徽因给胡适写这封信的时候是 1927 年。彼时，她与梁思成到美国不过三年而已。不过三年，失望却多了，寂寞却多了。哪能不失望，梁思成太沉稳，沉稳得有些失了风情。梁思成自己也承认，做林徽因的丈夫不容易。他的妻子思想活跃得让他总有些跟不上。所以两人初到美国时，时时有争吵，这磨合期过得如在刀山剑树上一般。所以，林徽因寂寞了。寂寞的女人从来只做两件事——寻安慰与怀念。

安慰，林徽因早两年便寻了，就是那封让徐志摩写下《拿回吧，劳驾，先生》的电报。也不能怪她给许多人发一样的电报。心空了，最好的补剂是情感的安慰。她只是出于本能，毫无遮掩地向爱她的朋友们寻求一点慰藉。

　　现在，她还剩怀念。怀念那些令她感到充实的人，怀念那些曾填满她内心空洞的事。所以，徐志摩曾带给她的心动便在这个时候慢慢渗入她的骨髓。她把他的旧信一一翻阅。从寂寞的眼望去，在梁思成那稍显沉闷的情绪底色中，徐志摩热烈而浪漫的情感，才真真正正透彻起来。

　　但还能如何。徐志摩已经结婚了，他的柔情从此只给一个人；而林徽因永远是林徽因，她必须是完美的女性，必须用一切来维系她的尊贵与名声。所以，过去的现在不必重提，她只纪念，永远。哪怕此生注定了孤寂，她也甘心坐在寂寞的船上，独自拉纤。

　　林徽因的孤寂垒成了她自私的情感。她在梁思成宽容的爱里任性地跳着，顽皮得像个孩子。但这样宽容的丈夫从未被她写进她的诗里。她活在徐志摩的诗里，最终，她也只让徐志摩走进她的诗：

　　　　这一定又是你的手指，

　　　　轻弹着，

　　　　在这深夜，稠密的悲思。

　　　　我不禁颊边泛上了红，

　　　　静听着，

　　　　这深夜里弦子的生动。

一声听从我心底穿过，

忒凄凉

我懂得，但我怎能应和？

生命早描定她的式样，

太薄弱

是人们的美丽的想象。

除非在梦里有这么一天，

你和我

同来攀动那根希望的弦。

《深夜里听到乐声》——林徽因于 1931 年 9 月写下的诗。那正是她在北平养病，与徐志摩情意复苏的时候。命运弄人，再美的过往也敌不过现实的一瞬，所以，她懂，却不能应和，她只会在梦中拨动希望的弦。

然而，即便怀念，林徽因也没有对她与徐志摩在英国时的那段旧事抱有幸福的回忆。徐志摩心中那段最浪漫的康桥记忆，在她口中，不过是"一段不幸的曲折的旧历史"。尽管她说她不悔这段往事，但已从根处，否认了徐志摩献给她的爱。

或许，这就是真相。林徽因曾说，像她这样一个在旧伦理教育熏陶下长大的姑娘，根本无法想象与一个大自己八岁的男人谈恋爱。她说，她知道徐志摩在追求自己，但她只是敬佩、尊重这位诗人，当然也尊重他给她的爱情；她以为，徐志摩所追求的，不过是被他理想化与诗化的林徽因，而不是真正的林徽因；她甚至说，徐志摩虽然浪漫，但俗气。

一段在世人看来曼妙而伤感的爱情，却因她的理性戛然而止。

只是，世间哪一段感情有过真正意义上的圆满呢？就算美丽聪慧如林徽因，也不过是个饮食人间烟火的平凡女子，有过惆怅与踟蹰，只是比他人更加收放自如，懂得取舍罢了。

【守着岁月，用一生回答】

模样静美，才情绝艳，这样的女子注定是讨男人喜欢的。

徐志摩爱她，梁思成爱她，金岳霖亦是为她终身不娶。就连梁思成的续弦林洙女士，也是对林徽因不吝赞美，说她"是那么吸引我，我几乎像恋人似的对她着迷……"

从康桥烟雨中的亭亭玉立，到"太太客厅"里的优雅睿智，从用诗意的目光注视生命，到以建筑的理念凝固设计，林徽因华丽转身，步步丰盈。就像时人评价她："修养让她把热情都藏在里面，热情却是她生活的支柱……她爱真理，但是孤独，寂寞，抑郁，永远用诗句表达她的哀愁。"

熙攘红尘里，我们永远看不到她的伤，她的累。任凭风云变幻，这个清丽的女子永远平和沉静，温润从容，守着岁月，开一树自在安宁。

走倦了悲恨相续的光阴，看倦了浮沉飘零的世情，不如坐下，与时光寂静相守，在她的故事里，抵达一段不可言说的温情。

收获最美的爱情

昆曲里有一句行话："女怕《思凡》，男怕《夜奔》。"

《思凡》是旦角戏，为昆曲《孽海记》中的一折，讲述了年方二八的小尼姑色空，因厌倦寂寞的出家生活，独自逃离尼庵的故事；《夜奔》乃武生戏，亦称《林冲夜奔》，讲的是林冲因大雪天遭遇埋伏，危难之时，遂火烧山神庙夜奔梁山。

这两出戏是昆曲里旦角和武生最难演的，戏里唱腔繁复，身段繁多，由演员一人从头至尾边唱边舞，十分考验功力。所以，便有了"女怕《思凡》，男怕《夜奔》"的说法。

只是，人生如戏。戏台未必不是人生的缩影。

思凡，女人怕动凡心，怕的是红尘欲念中为情所困。夜奔，男人怕连夜奔逃，怕的是平淡生活里遭遇变故。短短几个字，已唱尽尘世里金科玉律的宿命感。

像所有懵懂而清澈的初恋一样，初遇徐志摩，十六岁的林徽因便被对方浪漫而多情的诗人气质所吸引。他是一团燃烧的火焰，而她，娴静的外表下亦隐藏着一颗涌动的少女心。康桥一见，她的心里好似开出了一朵花，不绚烂不招摇，却暗自生香，默然欢喜。

在伦敦，两个年轻人谈文学、聊理想，以诗意的情怀度过了彼此生命中最柔美的岁月。都说女人的爱如飞蛾扑火，至死不休。然而，林徽因则清醒果敢。风花雪月，美不过碧水青山。琴棋书画，敌不过柴米油盐。这个如诗般绮丽明媚的女子，最终选择让爱情归于平淡，与梁思成携手相伴，一生相守。

有人说，选择梁思成作为自己的终身伴侣，是林徽因最聪明的选择。在颠沛流离的岁月里，她陪他走过了近十年的逃亡生活，操持家务、照看孩子，一心一意辅佐丈夫的事业。看似艰苦的日子，在他们的装点下，如花似锦。

喜欢这样的女子，红尘欢爱里，有无畏无惧的凛冽，俗世烟火里，亦有迎刃而舞的通达。感情的轻重缓急，她游刃于心。

至情至性如陆小曼，与徐志摩的爱情轰轰烈烈、炽热如火，却终于无法承受生活里的细碎点滴，将爱收拾得苍白无力。她以为："婚后的生活应该比过去甜蜜和幸福，实则不然，结婚成了爱情的坟墓。"放不下姹紫嫣红的人间春色，便也无法体悟静默相守的弥足珍贵。这浓烈的爱，足以将她燃烧，却无法使她感受到人间烟火里最踏实的温暖与笃定。

总以为，爱情轰轰烈烈时最美，就算痛彻心扉也恨不能将它装裱起来，挂满整个曾经。但年岁渐长才发现，一份能让自己安定、平和的爱情，才是此生最好的收藏。你信任他，他信任你，你放心地把自己交给他，去哪儿都不再惧怕。

最好的爱情一定是这样的吧，于岁月里看见浮世的烟火，浓淡相宜。相拥走过千山万水，不知不觉已白首相依。

　　在这份妥帖而笃定的爱情面前，你的心慢慢扎根进来，然后发芽，等待它枝繁叶茂。因为你知道，这棵葱郁的大树就是你的保护伞，是你们对彼此的爱。就算生死离别，也不会动摇它的根基，只会在缓慢而绵长的岁月里，历久弥新。

　　怕思凡，怕夜奔。有你相伴，我都不怕。

用一生回答

有一句话说："我只想与你在一起，没有荆棘，没有反对，没有谁说不可以。只像着世间所有的爱侣，不辞岁月，相守白头，不羡鸳鸯不羡仙。"

无尘的爱情，必是这般清透皓洁，像一场初春的细雨，洁净到骨子里。

她是亭亭玉立的大家闺秀，具备所有女人梦想的美貌与才情，她也是建筑学家梁思成的妻子，一个有情有义、温婉又坚毅的女子。林徽因年轻时，身边不乏爱慕追求者，但最终，她选择与梁思成结成伴侣，彼此共度漫漫人生。

大概只有爱做梦的少年，才会以为拥有诗情画意的爱情就可度过一生吧。只是，真爱未必风流，它是灵魂的碰撞与相知，是与相爱的人在一起做喜欢的事。哪怕是一场流浪，也愿意与他携手并肩，浪迹天涯。

人们常说，最好的情侣也一定是最好的朋友。两个人一起工作、游玩，共同成长，共同分担彼此的责任、报酬与权利，帮助对方完成自我意识的追求。同时，两个人又因为相互信任、分享和爱而合为一体。

这也是为什么，梁、林二人的婚姻能成为后人的美谈。他们郎才女貌，相敬如宾。他们有共同的追求，互不掩盖彼此的光芒，而是交相辉映，熠熠生辉。战争和疾病没有分开他们，反而让他们更加坚定地握紧彼此的手，直到林徽因生命的最后一刻。

结婚前，梁思成曾问林徽因："有一句话，我只问这一次，以后都不会再问，为什么是我？"林徽因回答他："答案很长，我得用一生去回答你，准备好听我了吗？"果然，她用一生的陪伴给出了答案。

有营养的爱情就像一面镜子，能互相照进彼此。即使对方不在身边，只要想到那个人，就会感到幸福，哪怕正处于悲伤之中，也会变得坚强。在那个人的面前，我们不必隐藏，不必掩饰，永远都是最真实的自我。

多年前看《朱生豪情书》，最感动的就是那一句："要是我们两人一同在雨夜里做梦，那境界是如何不同，或者一同在雨夜里失眠，那也是何等的有味。"这段话是朱生豪写给夫人宋清如的，他们相恋十年，而他却在婚后一年多病故，留下妻子和六部生前未译的莎士比亚史剧。

多年后，宋清如为完成丈夫的心愿，决定亲自翻译作品，将漫漫一生交予丈夫未完成的事业。在《周年祭生豪》里，她痛心地写道："你的死亡，带走了我的快乐，我的希望，我的敏感。一年来，我失去了你，也失去了自己……"

终于明白，没有什么是比爱人的离去更令人撕心裂肺的。因为一个人的离开，另一个人的心也死了。与丈夫共同完成一部作品，或许，这也是灵魂的一种契合与慰藉吧。

歌词里唱"天荒地寒，世情冷暖，我受不住这寂寞孤单，走遍人间，历尽苦难，要寻访你做我的旅伴……"一个人的爱情有些孤单，两心相照的爱情才算完满。那些让人羡慕的爱情，不是刻骨铭心，也不是缠绵婉转，它似流年，用深情演绎了一辈子的幸福温暖。

独特的新婚之旅

　　世事流转，长路漫漫，总有一个人的出现，会令你甘愿舍弃自由，不再流浪。不管行至何处，有他在，便是至高无上的乐园。有一个人携手并肩，便不再惧怕任何苦难。

　　这便是最坚固的爱情，彼此懂得，彼此欣赏。仿如那歌词里唱的：读你千遍也不厌倦，读你的感觉像三月。不浓不淡，不温不火，恒久而绵长。

　　初春的伦敦表情温柔。泰晤士河水静静流淌，岸边的建筑物被阳光照耀得生机盎然，仿佛也有了生命。圣保罗大教堂穿一身灰色法衣，傲然立于泰晤士河畔，沉默而坚韧。它是岁月的守望者，沉郁的钟声只让浪漫的水手和虔诚的拜谒者感动。

　　这是梁思成、林徽因新婚旅行的第一站。按照梁启超的安排，他们这趟旅行主要是考察古建筑，圣保罗大教堂是他们瞩目的第一座圣殿。

　　伦敦之于林徽因，是故地重游，自然备感亲切。对梁思成来说，这里的一切则是陌生的，正因为陌生，乐趣和向往反而加倍。

　　圣保罗大教堂是一座比较成熟的文艺复兴风格的建筑。高大的穹窿呈碟形，加之两层楹廊，看上去典雅庄重，整个布局完美和谐，在这里，中世纪的建筑语言几乎完全消失，全部造型生动地反映出文艺复兴建筑文化的特质。这座教堂的设计者是18世纪著名建筑师克里斯托弗·雷恩，这里埋葬着曾经打败拿破仑的威灵顿公爵和战功赫赫的海军大将纳尔逊的遗骨。

伦敦的建筑大多典雅华美，不论是富有东方情调的铸铁建筑布莱顿皇家别墅，还是别具古典内涵的英国议会大厦，都让他们陶醉在这座文化名城浓厚的艺术氛围之中。

最让他们倾心的，是海德公园的水晶宫。这是一座铁架构建，全部玻璃面材的新建筑，摒弃了传统的建筑形式和装饰，展示着新材料、新技术的优势。梁林夫妇是在夜晚去到那里的，此时，水晶宫里灯火辉煌，晶莹剔透，人置身其中，如同身处安徒生笔下的海王的宫殿。许多慕名而来的参观者，都发出了阵阵赞叹之声。

林徽因在日记本上写道："从这座建筑，我看到了引发起新的、时代的审美观念最初的心理原因，这个时代里存在着一种新的精神。新的建筑，必须具有共生的美学基础。水晶宫是一个大变革时代的标志。"

来到德国波茨坦，他们遇上了这里的第一场春雨。易北河笼罩在一片蒙蒙烟雨中。两岸的橡树和柠檬轻快地舒展着枝叶，荨麻、蓟草的头发被打湿了，蔷薇和百合的脸颊闪耀着珍珠般的光泽。

梁思成和林徽因共撑起一把油纸伞，挽着手臂走在石板街上。这是德国波茨坦的第一场春雨。上天好像也眷顾这对金童玉女，特别为他们的旅途增添了罗曼蒂克的气氛。

来到波茨坦，两人便参观了爱因斯坦天文台。

这座天文台是为纪念爱因斯坦的相对论的诞生而设计的。这一建筑刚刚落成七年，爱因斯坦看了也很满意，称赞它是20世纪最伟大的建筑和造型艺术上的纪念碑。天文台造型设计十分特别，以塔楼为主体，墙面屋顶浑然一体，流线型的门窗，使人想起轮船上的窗子，造成好像是由于快速运动而形成的形体上的变形，用来象征时代的动力和速度。

林徽因站在塔楼下仰望着这座神奇的天文台的一幕，被梁思成用相机记录了下来。

随后，他们前往德绍市参观了以培养建筑学家而著称的包豪斯设计学院刚刚落成的校舍，这是一座洋溢着现代美感的建筑群，是著名建筑师格罗皮乌斯设计的，由教学楼、实习工厂和学生宿舍三部分组成。建筑群以不对称的形式，表达出一种时间和空间上的和谐性。林徽因当时就说："它终有一天会蜚声世界。"

离开德国，他们去了瑞士。

这个精巧的北欧国家凭借着神韵独特的湖光山色，为自己赢得了"世界公园"的美誉。阿尔卑斯山巅覆盖着层层白雪，山坡上却已披上了郁郁葱葱的新装。众多湖泊镶嵌在国土上，倒映着大自然的鬼斧神工。日内瓦湖上成群的鹳鸟展翅追逐着，在湖面嬉闹着；湖畔稠密的矮树林里，画眉正炫耀着歌喉；绿地上的莓子刚刚吐出淡红色的花蕊。这对新婚夫妇流连于湖边菩提树下，忘记了时间。

在意大利，他们参观了古罗马大角斗场。林徽因被这残缺的壮美和历史的沉重感所震动，她说："罗马最伟大的纪念物是角斗场，是表现文化具体精神的东西，文艺复兴以来与以后的建筑观念中，最重要的一个部分，就是建筑的纪念性。"

来到水城威尼斯，两人使用了一种叫作"贡多拉"的摇橹小船作为交通工具，在花团锦簇的河道惬意地穿行。他们从威尼斯走水路，经马赛上岸，沿罗讷河北上到达有着罗曼蒂克风韵的巴黎。

在这里，他们造访了巴黎著名的宫室建筑凡尔赛，随后，又来到欧洲最壮丽的宫殿之———坐落于塞纳河畔的罗浮宫。罗浮宫是"太阳王"路易十四的王宫，举世闻名的"艺术殿堂"，收藏着许多世界名画。

一路上，两人共同探讨建筑知识，互相说笑。在返回领事馆的路上，还顺便去照相馆取回一路拍下的照片。看到冲洗出来的成品，林徽因不禁哑然失笑。几乎所有的照片，建筑物都占了大部分空间，人却被放在小小的角落里。她佯怒地对这个蹩脚的摄影师打趣道："你这家伙，看看你的杰作，把我当成比例尺了！"

刚回到领事馆，他们便收到了梁启超发来的催促他们回北京工作的电报。于是，二人放弃了对巴黎圣母院、万神庙和凯旋门的考察计划，去西班牙、土耳其等国家的旅行也取消了。两人由水路改道陆路，从巴黎乘火车辗转来到莫斯科，踏上回国的旅程。

东大筑梦

美满的家庭让人陷落在幸福里不愿醒转，事业的成就更将林徽因的人生推向另一种极致。这一年，林徽因的生命之花滋长，冬季仿佛永远不会来临。

只是回到现实，花期究竟会有多长？是否会有那么一天，繁花落尽君辞去，将一切交付给流水？其实谁都清楚，这世间又何来只开不落的花，何来只起不落的人生？

林徽因大抵懂得了命运自有其安排，任何一种生活方式都有其不可逆转的规则。当初转身时难免也落寞了一阵子，只是不经历那阵痛，又怎会有今日的岁月静好？上苍还是公平的，今时今日的一切，或多或少得交付一些代价方能换取。就算有一天，所得幸福又要拱手奉还，又怎能奈何得了内心坚强之人？人生难得一从容，只愿你我，皆能随遇而安。

1928 年 8 月中旬，梁思成和林徽因结束了欧洲旅行回到家中。几年不见，林徽因并没有像梁启超担心的那样变得"洋味十足"，他满意地写信对大女儿说："新娘子非常大方，又非常亲热，不解作从前旧家庭虚伪的神容，又没有新时髦的讨厌习气，和我们家的孩子像同一个模型铸出来。"

虽然梁启超一早就把林徽因当女儿看待，但是她知道，此时，自己不再是那个总和梁思成耍小脾气的女孩子了，她要担负起为人妻为人媳的责任，因而，也变得更加懂事、稳重。

早在两人回国之前，梁启超便开始为他们的工作筹划奔忙了。起初，梁启超希望儿子到清华大学任职，希望能增设建筑图案讲座，让梁思成任教。但由于校长不便做主，需要学校评议会投票才可决定，所以，去清华大学任教一事便搁浅下来。

与此同时，位于沈阳的东北大学正在积极地招贤纳士。东大新建建筑系，聘请毕业于宾夕法尼亚大学的杨廷宝担任系主任，然而，杨廷宝此时已经受聘于某公司，便转而向东北大学推荐了尚未归国的师弟梁思成。

清华悬而不决，东大求贤若渴，梁启超审时度势后，未征求儿子的意见，便当机立断替梁思成做了应聘东北大学的决定。

临近东大开学的时间，梁思成先行北上，林徽因便回福建老家接母亲和三弟林恒，准备把他们安顿在东北，同时，也带了堂弟林宣到东大建筑系就读。在福州时，林徽因受到父亲创办的私立法政专科学校的热情接待，并应了当地两所中学之邀，做了《建筑与文学》和《园林建筑艺术》的演讲。此行之后，林徽因再也没有回到故乡，这次演讲便也成了她与家乡的告别。

彼时，东大建筑系刚刚建立，所以只有梁氏夫妇两名教员及四十多名学生。他们也和其他院系一样完全采用西式教学，大家集中在一间大教室，座席不按年级划分，每个教师带十四五个学生。

林徽因时年二十四岁，教授美学和建筑设计课。她年轻活跃，知识渊博，谈吐直爽幽默，非常受学生欢迎。

第一次讲课，林徽因就把学生带到沈阳故宫的大清门前，让大家从这座宫廷建筑的外部进行感受，然后问："你们谁能讲出最能体现这座宫殿的美学建构在什么地方？"

学生们热烈地讨论起来，各抒己见。有的说是崇政殿，有的说是大政殿，有的说是迪光殿，还有的说是大清门。林徽因听大家发表完看法，微笑着提示说："有人注意到八旗亭了吗？"学生们看着毫不起眼的八旗亭，困惑地看着林徽因。

林徽因说道："它没有特殊的装潢，也没有精细的雕刻，跟这金碧辉煌的大殿比起来，它还是简陋了些，而又分列两边，就不那么惹人注意了，可是它的美在于整体建筑的和谐、层次的变化、主次的分明。中国宫廷建筑的对称，是统治政体的反映，是权力的象征。这些亭子单独看起来，与整个建筑毫不协调，可是你们从总体看，这飞檐斗拱的抱厦，与大殿则形成了大与小、简与繁的有机整体，如果设计了四面对称的建筑，这独具的匠心也就没有了。"

林徽因讲课深入浅出，非常善于引导学生独立思考。在她教过的四十多个学生中，走出了刘致平、刘鸿典、张镈、赵正之、陈绎勤这些日后建筑界的精英。她的学生当中还有堂弟林宣，晚年在西安冶金建筑学院担任教授。

　　因为刚刚建系，教学任务繁重，林徽因经常给学生补习英语，天天忙到深夜。那时她已怀孕，却并不顾惜自己，照样带着学生去爬东大操场后山的北陵。沈阳的古建筑不少，清代皇陵尤其多。林徽因、梁思成在教学之余忙着到处考察，常常深入建筑内部细心测量尺寸，将每个数据都详细记录在图纸上。

　　林徽因曾说，建筑不仅仅是一门科学，也是一门需要感知的艺术。建筑师不能只会欣赏城市的高楼大厦，也要经得住荒郊野外的风餐露宿。而他们的建筑生涯，也才刚刚开始。

第一次毕业设计

梁漱溟先生曾在《纪念梁任公先生》一文中写道："任公为人富于热情……有些时天真烂漫，不失其赤子之心。其可爱在此，其伟大亦在此。"梁启超先生的赤子之心，便是体现在他与孩子们的相处上。于他们而言，梁启超既是慈父，也是朋友。无论是学业、事业还是婚姻，梁启超都为孩子们牢牢把关，细心督促，是孩子们生活中的良师益友。

自林长民去世后，梁启超便视林徽因如己出，用十二分的温情和厚爱待她。对于梁林夫妇而言，父亲梁启超始终是他们的精神支柱。

当得知梁启超重病住院的消息，梁思成、林徽因便心急如焚地从沈阳赶回家，而此时，梁启超已经住院近一周的时间。

梁启超曾经患有尿血症，1926 年 3 月，去协和医院检查时，医生发现其右肾有一个黑点，诊断为瘤。医生建议切除右肾，梁启超素来信奉西医，便听医生建议做了手术。但手术后病情没有丝毫缓解，大夫又怀疑病根在牙齿，于是连拔了八颗牙，尿血症仍不减；后又怀疑病根在饮食，梁启超被饿了好几天，仍无丝毫好转。医生只得宣布此为"无理由之出血症"。

此时，梁启超的身体已经每况愈下。徐志摩匆匆从上海赶来探望老师，也只能隔着门缝看上两眼。他望着瘦骨嶙峋的梁启超，禁不住涌出眼泪。林徽因告诉他："父亲平常做学问太苦了，不太注意自己的身体，病到这个程度，还在赶写《辛稼轩年谱》。"

采用中药治疗一段时间后，梁启超的病情竟然略有好转，不但能开口讲话，精神也好了些。梁思成心里高兴，就邀了金岳霖、徐志摩几个朋友到东兴楼饭庄小聚，之后又一起去金家探望他母亲。

1929年1月17日，梁启超病情再次恶化。医生经过会诊，迫不得已决定注射碘酒。

第二天，病人出现呼吸紧迫的症状，神志已经处于昏迷状态。梁思成急忙致电就职于南开大学的二叔梁启勋。当日中午，梁启勋就带着梁思懿和梁思宁赶到协和医院，梁启超尚存一点神志，但已不能说话，只是握着弟弟的手，无声地望着儿子儿媳，眼中流出几滴泪水。

当天的《京报》《北平日报》《大公报》都在显著的位置报道了梁启超病危的消息。两天后，梁启超在医院病逝，终年五十六岁。

之后，梁思成与林徽因一同为梁启超设计了墓碑，这是他们毕业后的第一件设计作品。墓碑采用花岗岩材质，碑形似椁，古朴庄重，不事修饰。正面镌刻"先考任公政君暨先妣李太夫人墓"，除此之外再无任何表明墓主生平事迹的文字。这也是梁启超的遗愿。

梁启超少年得意，被称为神童，维新变法失败后流亡日本，回国后曾做过北洋政府的财政总长，后期闭门著书，成学问大家。称赞他的人说："过去半个世纪的知识分子，都受了他的影响。（曹聚仁）""他的功绩实不在章太炎辈之下。（郭沫若）""为吾国革命第一大功臣。（胡适）"也有贬损痛骂者言"梁贼启超（康有为）"。"有极热烈的政治思想、极纵横的政治理论，却没有一点儿政治办法，尤其没有政治家的魄力。（周善培）"梁启超本人对这些评价了然于胸："知我罪我，让天下后世评说，我梁启超就是这样一个人而已。"

最能概括梁启超一生的评价，于儿媳妇林徽因看来，莫过于沈商耆的挽联：

三十年来新事业，新知识，新思想，是谁唤起？
百千载后论学术，论文章，论人品，自有公平。

开学后，林徽因和梁思成回到东大。

1929 年夏季，梁思成与林徽因在宾夕法尼亚大学读书时的同窗好友陈植、童寯和蔡方萌应夫妇二人的邀请，来到东北大学建筑系任教。

在大家的努力下，建筑系的教学逐渐走上正轨。1929 年，张学良公开悬赏征集东大校徽。最终，林徽因设计的"白山黑水"

图案中选。图案的整体是一块盾牌，正上方是"东北大学"四个古体字，中间有八卦中的"艮"卦，同样代表东北，正中为东大校训"知行合一"，下面则是被列强环绕、形势逼迫的巍峨耸立的皑皑白山和滔滔黑水。校徽构思巧妙，很好地呼应了校歌内容。

得知徽因的作品被选中，几个老同学到梁家又是一番庆贺。

惬意的生活仍然蒙着一层阴影，而且有越来越沉重的趋势。各派势力争夺地盘，时局混乱，社会治安极不稳定，"胡子"时常在夜间招摇而过。太阳一落山，"胡子"便从北部牧区流窜下来。东大校园地处郊区，"胡子"进城，必经过校园，马队飞一样从窗外飞驰而过。此时家家户户都不敢亮灯，连小孩子都屏声静气，不敢喧哗。梁家一帮人聊到兴致正好的时候，也只能把灯关掉，不再出声。林徽因在晚上替学生修改绘图作业，时常忙碌到深夜，有时隔窗看一眼，月光下"胡子"们骑着高头骏马，披着红色斗篷，很是威武。别人感到紧张，林徽因却说："这还真有点儿罗曼蒂克呢！"

这年8月，林徽因返回北平，在协和医院生下大女儿。为纪念梁启超，取其书房雅号"饮冰室"，为女儿取名再冰。宝宝的第一声啼哭，引爆了窗外一片嘹亮的蝉鸣。从此，两颗心就像漂泊的风筝被这根纯洁的纽带系在一起，再也无法分开。

做了母亲后，林徽因的身子更弱了。1930年冬天，随着病情的加重，林徽因在梁思成的陪同下回到北平，定居静养。

在心中修篱种菊

人生总有一个时刻，想与时光背道而驰，在岁月里静静沉寂。在那片温和宁静的天地间，我们将整个生命根植于此，守着光阴，伴着青山，与岁月，就此长眠。

大抵是繁华世态太耀眼，所以，我们努力地想要减去繁复，想要寻找到一些心灵的沉淀与洗涤，努力摒弃浮躁，视清凉为超脱。生命虽然脆弱，但也十分固执，谁也不能删改情节或是结局。或许有一天，当我们都回归宁静，便可获得生命的本真。

1931 年 3 月，林徽因检查出肺结核，虽是旧疾，但多半也是累出来的。

东北大学建筑系还处在婴儿期，教学任务繁重，而林徽因又是个在工作上不能出一点儿问题的"偏执狂"，她觉得一件事情要么就不干，要么就干好。可是哪件事情能丢下不干呢？她是教师，备课总要精细负责吧；课还要讲得有深度，可不能让学生没有收获，觉得无聊；对英语水平不高的学生，更不能落下；建筑系学生要交绘图作业，学生的作业老师能不给认真批改吗……

这还不是全部，回到家里，林徽因是个小小女孩子的妈妈，孩子病了得细心照看；孩子学说话了，也得花时间耐心地陪着她。

在医生和家人的建议下，林徽因停止了一切工作，来到北平西郊的香山静养。

春天的香山，山花烂漫，娇柔中透出一种令人迷惑的美，肆无忌惮地张扬着生气。早春的空气是湿润的，阳光也是温和有加，无论是树或花，都像比赛似的抽着新芽。一晃眼，香山就成了花的海洋。桃花、杏花、海棠、迎春织成的花海隐隐浮动，让人见了舒心畅快。夹杂其间的绿意却显得宁静和平，它淹没在那脆弱而汹涌的薄红浅黄里，获得一种自我满足的安静。

这难得悠闲的好时光，让林徽因重拾往日的心情。在这里，她复诵着早已谙熟于心的天成佳句，在宁静的夜晚独自伏案写作。她早年最出名的诗歌与小说，大多是这期间写下的。

山间春色，万物生长，唯美浪漫的景致开启了林徽因尘封已久的诗情，为此，她写下了许多曼妙的诗篇。

桃花，

那一树的嫣红，

像是春说的一句话：

朵朵露凝的娇艳，

是一些

玲珑的字眼，

一瓣瓣的光致，

又是些

柔的匀的吐息；

含着笑，

在有意无意间

生姿的顾盼。

看，——

那一颤动在微风里

她又留下，淡淡的，

在三月的薄唇边，

一瞥，

一瞥多情的痕迹！

这首《一首桃花》是林徽因在徐志摩和张歆海夫妇、张奚若夫妇到香山看望自己时，拿出来读给大家听的。一首诗诵罢，引来老友们的交口称赞，徐志摩说："徽因的诗，佳句天成，妙手得之，是自然与心灵的契合，又总能让人读出人生的况味。这首《一首桃花》与前人的'记得绿罗裙，处处怜芳草'是同一种境界。"

在香山养病的那段时光，林徽因接触最多的就是诗歌，读得最多的自然是徐志摩送她的诗集。每次来看林徽因，徐志摩都会带一些诗集给她，雪莱、勃朗宁、拜伦……这些曾经充满了他们英伦时光的美丽诗句，再度将他们包围。时光好像亦跟着倒流了。

他们热切地谈论着诗，也写诗，沉浸在诗歌的世界里，忘了时间和空间，忘了林徽因令人心焦的肺病、烦琐的家务，忘了徐志摩"走穴"般频繁的讲课、捉襟见肘的经济状况、陆小曼的任性……这些恼人的话题，他们从不提起。

如果时光能够倒流，徐志摩是否还会向那个十六岁的女学生吐露自己原配妻子的土气、婚姻的压抑，以及向她热烈地告白？或者像十年后的今天一样，把一切的不如意都埋在心底，不流露分毫不快，只给她和她的丈夫一个舒心的笑颜和轻松愉快的氛围？

很多个寂静的夜，徐志摩沐浴着冷冷的月光，遥望着香山的方向，也许，还有山中的她，写下了著名的《山中》：

庭院是一片静，
听市谣围抱；
织成一地松影——
看当头月好！

不知今夜山中
是何等光景；
想也有月，有松，
有更深的静。

我想攀附月色，
化一阵清风，

吹醒群松春醉，

去山中浮动；

吹下一针新碧，

掉在你窗前；

轻柔如同叹息——

不惊你安眠！

　　这首诗写在徐志摩生命的最后一年。人们以为，它表达了诗人对昔日恋人如今超乎友情又异于爱情的细腻情怀。

　　席慕蓉说，在年轻的时候，如果爱上一个人，不管相爱时间长短，一定要温柔相待，所有的时刻都十分珍惜，这样就会生出一种无瑕的美丽。假如不得不分离，也好好再见，将这份情意和记忆深藏心底。慢慢地，我们就会知道，"在蓦然回首的刹那，没有怨恨的青春才会了无遗憾，如山冈上那轮静静的满月"。那些流年似水的日子，也因为这份爱而终生怀念。

　　在最好的岁月里遇到心爱的人，能够相守固然是一生的幸福，但只要彼此拥有过动人也撩人的心跳，一切就已经足够。

优雅睿智的女主人

　　文人的妙趣，是聚在一起吃茶聊天，读诗朗诵，谈论天下事。它的形式犹如欧美的"文化沙龙"，给人一种朦胧的、浪漫主义的美感。

　　这种文艺界的小聚会，很快聚集了当时一批中国文化界的精英。在这些聚会里，当属朱光潜和梁宗岱在景山后面的寓所举办的每月一次的"读诗会"和位于总布胡同四合院的"太太客厅"最为知名。

　　"读诗会"实际上是 20 世纪 20 年代，闻一多在西单辟才胡同沙龙的继续。冰心、凌叔华、朱自清、梁宗岱、沈从文、卞之琳、何其芳、萧乾，还有旅居中国的英国诗人尤连·伯罗、阿立通等人都是沙龙的成员。"读诗会"聚会形式轻松活泼，大家可以在这里畅所欲言，所以也时有"争论"发生。"太太客厅"吸引大家的不只有文化界精英们的高谈阔论，还有一位思维敏捷、十分擅长引起话题、极富亲和力与感染力的女主人——林徽因。林徽因总是辩论的核心人物，她言辞犀利，从不给对方留面子。

　　与"读诗会"直奔主题的形式不同，"太太客厅"里的交流更随性、散漫，且富有人情味。浸泡在民国文化圈的各路文人，在这里谈古论今，畅聊人生。

"太太客厅"除有沈从文这样的作家外，还有研究哲学的金岳霖、经济学教授陈岱孙、法学家钱端升、考古学家李济等。梁思成的妹妹和侄女也常会在下学时，带着女同学们来听"演讲"，接受新思想的洗礼。

其中，林徽因总能以酣畅雄辩的谈吐，将所有的目光都吸引到自己身上，尽显沙龙女主人的风采。正如当时住在西总布胡同二十一号的美国学者费正清所言，"她交际起来洋溢着迷人的魅力，在这个家，或者在她所在的任何场合，所有在场的人总是全部围着她转"。

作为这群文化名流的中心，林徽因的美国朋友费慰梅曾这样描述她：

每个老朋友都会记得，徽因是怎样滔滔不绝地垄断了整个谈话。她的健谈是人所共知的，然而使人叹服的是她也同样擅长写作，她的谈话和她的著作一样充满了创造性。话题从诙谐的轶事到敏锐的分析，从明智的忠告到突发的愤怒，从发狂的热情到深刻的蔑视，几乎无所不包，她总是聚会的中心人物。当她侃侃而谈的时候，爱慕者总是为她那天马行空般的灵感中所迸发出来的精辟警语而倾倒。

这个具有国际俱乐部特色的"客厅"，不但吸引了许多文化界精英，同时，也是许多初出茅庐的文学青年心驰神往的地方。

当时，还在燕京大学读书的文艺青年萧乾，因为一篇发表在《大公报》文艺副刊上的文章《蚕》，得到了林徽因的欣赏，被邀请来到"太太客厅"做客。

那天，我穿着一件新洗的蓝布大褂，先骑车赶到达子营的沈家，然后与沈先生一道跨进了北总布胡同徽因那有名的"太太的客厅"。听说徽因得了很严重的肺病，还经常得卧床休息。可她哪像个病人，穿了一身骑马装。她常和费正清与夫人威尔玛去外国人俱乐部骑马。她对我说的第一句话是："你是用感情写作的，这很难得。"这给了我很大的鼓舞。她说起话来，别人几乎插不上嘴。别说沈先生和我，就连梁思成和金岳霖也只是坐在沙发上吧嗒着烟斗，连连点头称赏。

林徽因的鼓励对于当时初在文坛崭露头角的萧乾来说，是莫大的荣幸。她语言犀利，出口成章，以至于每当聆听林徽因对生活的精辟见解时，萧乾心里都会想：

倘若这位述而不作的小姐能像18世纪英国的约翰逊博士那样，身边也有一位博斯韦尔，把她那些充满机智、饶有风趣的话一一记载下来，那该是多么精彩的一部书啊！她从不拐弯抹角、模棱两可。这样纯学术的批判，也从来没有人记仇。我常常折服于徽因过人的艺术悟性。

此后，萧乾与林徽因结下了深厚的友谊。林徽因去世后，萧乾曾感慨地说："在我心坎上，总有一座龛位，里面供着林徽因。"

林徽因一生的文学作品并不多，却涉猎很广。在小说、诗歌、散文、戏剧等领域，她都屡出精品。如若真有人将这位才女伶俐的话语记录下来，或许，那又将是一部让人动容的旷世佳作了吧。

人间四月，悄然绽放

历史上，女人不是"红颜"，便成"祸水"，她们被禁锢在时人短浅的目光里，成了祸国殃民的"刽子手"。难怪古人常说，女子无才便是德，无才的女人不会过问权势，不会牝鸡司晨，终其一生，也不过是历史的点缀、男人世界的伴随者。

但终有人，不愿被时光套牢，在如水的天地里悄然绽放。林徽因便是其中一个。

见过一张林徽因在北平家中的照片。照片里，她眼神清透锐利，气质出尘，模样并不十分娇艳，却流露出一股人淡如菊的美感。

这样飘逸绝尘的女子，或许曾是每个男人心中的梦想吧。梦想与她手牵手漫步公园，清风拂面时，她的发梢轻轻掠过他的脸颊，两个人懒懒地享受着阳光的抚慰，还有这短暂、静谧的时光。祈祷，这样缓慢而绵长的时光被无限拉长，静止不前。

林徽因淡雅清宜的气质让遇见她的人无不心生倾慕，事实上，她并非娇艳柔弱的女子，而是一个柔中带刚、性格爽朗、有独立精神和见解的魅力女性。走出"太太客厅"，她与一帮男人一样风餐露宿，出没于荒郊野外进行考察，举手投足间流露出一股豪迈的男子气。

这兴许就是林徽因的迷人之处吧。既有女性的柔美，又不乏男性的果敢，走进人群中，那种独特的气质便会吸引众人目光，叫人难忘。这不是穿几件华服就能生出的气场，而是来自内心的力量与格局，不浮夸不妖娆，举手投足已赋予了美丽新的内涵。

她是一个高不可攀的"神话"，一个"异端"。也许正是由于这样的原因，她在中国没有几个亲密的女性朋友。

林徽因出身高贵，貌美如花，又有过人的才华，这使她在男性的世界如鱼得水。受男性欢迎的女性本就不容易被同性认可，况且林徽因的心气又高，不屑于与其他女人周旋敷衍，同性的误解甚至忌妒就可想而知了。

和林徽因曾有过"康桥日记之争"的凌叔华，晚年时曾这样评价这位"妇女的仇敌"："可惜因为人长得漂亮又能说话，被男朋友们给宠得很难再进步。"这里面的"男朋友"当是一种泛指。林徽因的一生，男性朋友始终多于女性朋友，自然，她一生也没能学会絮絮叨叨的"女性特质"。

然而，无论林徽因是煮饭浣纱的凡俗妇人，抑或是风云不尽的女建筑学家，那些仰慕她才情的人，还是愿意把她定格在人间四月，在每一个姹紫嫣红的季节，想起她。那些不曾被岁月埋没的诗意与气度，像是被刻在流年里，已然无法擦去。

别了志摩

　　飞。人们原来都是会飞的。天使们有翅膀，会飞，我们初来时也有翅膀，会飞。我们最初来就是飞了来的，有的做完了事还是飞了去，他们是可羡慕的。……但没了翅膀或是翅膀坏了不能用是一件可怕的事。因为你再也飞不回去，你蹲在地上呆望着飞不上去的天，看旁人有福气地一程一程地在青云里逍遥，那多可怜。

　　这是徐志摩的散文《想飞》里的片段，他在文章里说，飞，超脱一切，笼盖一切，扫荡一切，吞吐一切。而他，果真如他所期盼的，朝着幻灭"飞"去了。

　　不是不可信的。只是，林徽因无论如何也不会想到，他会这样一声不响地离开，"闯出我们这共同的世界，沉入永远的静寂，不给我们一点预告，一点准备，或是一个最后希望的余地"。

　　在香山休养半年后，林徽因的身体基本恢复。下山那天，徐志摩、沈从文等陪了梁思成去接她，并在北平图书馆办了一桌宴席，给林徽因接风。宴席结束的时候，一群朋友拉上他们去看京戏，徐志摩对林徽因说："过几天我回上海一趟，如果走前没有时间再来看你，今天就算给你辞行了。"

当林徽因提及自己 11 月 19 日晚会在协和小礼堂给外国使节讲中国建筑艺术时，徐志摩高兴地表示，自己"一定如期赶回来"，做她的忠实听众。只是，谁也没有想到，这一次，再见即是永别。

从 1930 年开始，徐志摩便在南京的中央大学和北京女子师范大学两所学校任教，所以时常需要乘飞机南北往返。即便如此劳累奔波，挣的薪水仍然不够陆小曼挥霍。此行上海，徐志摩给陆小曼带来了不少画册、字帖、宣纸、笔墨，满心指望小曼能够改掉恶习，沉浸在艺术氛围中，成就一番事业，并劝她能够跟自己移居北平，却没想到小曼依然故我。

两人吵了一番，徐志摩不想把关系弄僵，只好探访故友，消愁解闷。

12 日早晨，他去拜访好友刘海粟，中午在罗隆基家吃了午餐。15 日，他的学生何家槐又来看他，两人兴奋地谈了一天。因一心要赶回北平，听林徽因的讲座，徐志摩想着无论如何也要在 17 日离开上海。

18 日凌晨，徐志摩乘车到南京，准备搭乘返京的火车，却从报纸上得知北平戒严的消息。因为担心赶不上林徽因的演讲，徐志摩便决定于 19 日上午 8 点之前，乘坐由南京飞往北平的"济南号"飞机。

飞机起飞时，万里晴空。这番景致让徐志摩感到惬意无边，仿佛灵魂能飞离闹市，飞过高山大湖，从此自由自在。

　　10点10分，飞机降落在徐州机场。10点20分，飞机再次起飞。不料，在飞至济南城南州里党家庄时，因下雨雾大，飞机误撞山顶，当即坠落山下。机身焚毁，仅余空架，机上唯一的乘客徐志摩和两名飞行员皆不幸罹难。

　　11月19日，林徽因直到演讲结束也没有等到徐志摩。随后，她和梁思成赶到胡适家中询问情况。当得知飞机失事的消息时，林徽因当场昏厥。

　　失去他，她便失去了一个"完全诗意的世界"。

　　十一月十九日我们的好朋友，许多人都爱戴的新诗人徐志摩，突兀的，不可信的，惨酷的，在飞机上遇险而死去。这消息在二十日的早上像一根针刺猛触到许多朋友的心上，顿使那一早的天墨一般地昏黑，哀恸的咽哽锁住每一个人的嗓子。

　　……

　　我们不迷信的，没有宗教地望着这死的帏幕，更是丝毫没有把握。张开口我们不会呼吁，闭上眼不会入梦，徘徊在理智和情感的边沿，我们不能预期后会，对这死，我们只是永远发怔，吞咽枯涩的泪，待时间来剥削这哀恸的尖锐，痂结我们每次悲悼的创伤。

　　这篇《悼志摩》是林徽因于12月7日发表在《北平晨报》上

的悼文。他曾对她许下过信誓旦旦的诺言，只是，言犹在耳却已物是人非。沧海桑田，刹那间，便是天人永隔。

人已逝，情未结，只有悲伤与哀恸，永不停歇。

11 月 22 日，梁思成、金岳霖、张奚若三人去往济南吊唁并瞻仰徐志摩的遗容，林徽因亲手编了一个希腊风格的小花环，并特意将自己珍藏的一张徐志摩的照片镶嵌在花环中间，托丈夫带去。

人生渺茫，沧海一粟，芸芸众生终究逃不过命运的摇摆，起伏漂泊。这场凄风苦雨，只会让人更觉无限悲凉。

徐志摩去世以后，林徽因卧室中央墙上多了一块焦黑的飞机残片。这是梁思成捡来的。他按照林徽因的嘱托，从事故现场捡来了这块"济南号"飞机残骸的一小片。

这，是徐志摩留给林徽因最后的念想。

轻轻的我走了，
正如我轻轻的来；
我轻轻的招手，
作别西天的云彩。
……

悄悄的我走了，
正如我悄悄的来；

我挥一挥衣袖，

不带走一片云彩。

此后，"徐志摩"这三个字被林徽因烙在心底的深处，她将用一世来回忆。

"八宝箱"之谜

一场灾难，世人唏嘘，但对逝者而言，又何尝不是一种解脱？只是，有些人生就掀起风浪的本事，逝去之后亦能让世人为他消耗光阴。而那光阴，终究要在世人的回忆里，丰润鲜活。

徐志摩乘飞机遇难，让整个文艺界为之震动。为了纪念这位英年早逝的诗人，众多诗文好友商定设立徐志摩文学奖，并建立徐志摩图书馆以及徐志摩纪念馆。在搜集徐志摩生前书信、日记的过程中，几位友人发生了"康桥日记"的纠纷，被人们称为"八宝箱"之谜。

1925 年春，因和陆小曼的恋情闹得满城风雨，徐志摩决定到欧洲旅行，散心避风头。但他的日记和书信以及手稿等不便随身携带，便装进一个箱子，欲找人代为保管。由于里面的东西涉及他和林徽因早年的一段情缘，自然不方便交给当时正与自己恋爱的陆小曼。于是，在深思熟虑之后，徐志摩便将箱子托付给了凌叔华保管。

凌叔华是北大英文系教授、文学理论家陈西滢的夫人，与徐志摩相识于泰戈尔访华之际，是新月社的成员。两人之间曾有书信来往，友谊深厚。

徐志摩遇难后，凌叔华和林徽因都曾说志摩生前给予她们为自己写传记或保管书信的允诺。有些朋友，比如沈从文认为由凌叔华保管更为妥当。胡适是这一群人中的"老大哥"，他与梁氏夫妇感情甚好，因此，更倾向于"八宝箱"应该交给林徽因。

徐志摩去世后，胡适打算为徐志摩出版文集，便写信给凌叔华，要求从她那里拿到"八宝箱"。凌叔华在写给胡适的回信中说，箱子里面有陆小曼的两册日记，写在和徐志摩热恋初期，其中有不少是骂林徽因的话，因此，此箱不便交与林徽因，当由徐志摩的遗孀陆小曼所有。

但胡适并没有将箱子交给陆小曼，而是全部交给林徽因。不过，凌叔华在将徐志摩全部遗稿交给胡适前，自己私藏了《康桥日记》中的两册。《康桥日记》是徐志摩热恋林徽因时写下的感情独白，并在生前承诺日后将交林徽因保管。

后来，凌叔华想要收集《康桥日记》，由自己编辑出版，便找到林徽因，希望从她这里征集徐志摩致林的书信。林徽因婉言说，信在天津，且内容大部分为英文，不方便马上收集，并顺势问及被凌叔华扣下的那两本日记。凌叔华不好明确拒绝，就约定三天后让林来家里取。临走前，林徽因让凌叔华带走了"八宝箱"里两本陆小曼的日记，希望能从凌那里交换到属于自己的《康桥日记》。

但是，三天后，林徽因并没有在凌叔华家里见到她，只得到凌叔华留下的一封信，说是日记没有找到，这几天忙碌，要周末才有空寻找。林徽因知道凌叔华有意拖延，气得一夜没睡，无奈之下，便向胡适求助。于是，胡适另写一信给凌叔华：

　　昨始知你送在徽因处的志摩日记只有半册，我想你一定是把那一册半留下做传记或小说材料了。但我细想，这个办法不很好。……你藏有此两册日记，一般朋友都知道……

　　所以我上星期编的遗著略目，就注明你处存两册日记。……今天写这信给你，请你把那两册日记交给我，我把这几册英文日记全付打字人打成三个副本，将来我可以把一份全的留给你做传记材料。

　　在胡适的劝说下，凌叔华将半本《康桥日记》交给林徽因。

　　但是，拿回的日记依旧是不完整的。林徽因将这半本和自己手上的一对比，发现仍有被截去的四页。如此，林徽因对凌叔华很是不满，而凌叔华也对林徽因从此心生芥蒂。至于残缺的四页是否最终被林徽因要回，我们已不得而知。到此，由"八宝箱"闹出的风波已大抵告一段落。

　　对于如此心切地想要得到《康桥日记》的原因，林徽因自己的解释是"好奇""纪念老朋友"，至于是否真有"销毁"过往的动机，恐怕世人无法知晓了。《康桥日记》没有公开发表的原因，林徽因在之后写给胡适的一封信中说，是因为"年青的厉害"，"文学上价值并不太多"，况且，当事人大多健在，这些日记在当时出版是不合时宜的，也不急着用这些材料写传记。

日后，徐志摩"八宝箱"中的遗稿，由陆小曼整理后以"爱眉小札"和"眉轩琐语"为题发表。而林徽因手中遗存的"日记"，早已灰飞烟灭，一如那消散在康河雾霭中的英伦之恋，在十里洋场乐声中的你侬我侬里，不见踪影。

历史也许并不如烟，即使无法改变，也早已说不清，道不明了。

与冰心的龃龉

"她（林徽因）缺乏妇女幽娴的品德。她对于任何问题（都）感到兴趣，特别是文学和艺术，具有本能的、直接的感悟。生长富贵，命运坎坷；修养让她把热情藏在里面，热情却是她生活的支柱。喜好和人辩论——因为她热爱真理，但是孤独、寂寞、抑郁，永远用诗句表达她的哀愁。"

这是李健吾的散文《林徽因》中的一节内容。李健吾和林徽因是在 1934 年年初认识的。当时，林徽因在《文学季刊》上读到李健吾关于《包法利夫人》的论文，极为赞赏，就写信给李健吾邀请他来"太太客厅"参加聚会。

李健吾在散文里说，林徽因和另一位女诗人冰心的关系"既是朋友，同时又是仇敌"。林徽因亲口对他讲起过一件趣事：冰心写了一篇小说《我们太太的客厅》讽刺她，因为每到星期六下午，便有若干朋友以她为中心谈论各种现象和问题。彼时，林徽因恰好由山西调查庙宇回到北平，带了一坛又香又陈的山西醋，立即叫人送给冰心吃用。

这篇小说从 1933 年 9 月 27 日开始在天津《大公报》文艺

副刊连载。小说单刀直入地描述道：一帮上层人士聚集在"我们太太的客厅"指点江山，激扬文字，尽情挥洒各自的情感之后星散而去。太太满身疲惫、神情萎靡并有些窝囊的先生回来了，那位一直等到最后渴望与"我们的太太"携手并肩外出看戏的白脸薄唇高鼻子诗人只好无趣地告别"客厅"，悄然消失在门外逼人的夜色中。整个太太客厅的故事到此结束。

小说对人物做了诸多模糊处理，和林徽因的文化沙龙完全不同，但影射的痕迹仍然明显。特别是对于诗人、哲学家的外貌描写，一看就是以徐志摩和金岳霖为原型。小说中的"太太，无论哪时看见你，都如同一片光明的云彩……"更是让人马上联想到徐志摩的诗歌。

《我们太太的客厅》发表以后，引起天津乃至全国文化界的高度关注。小说中塑造的"我们的太太"、诗人、哲学家、画家、科学家、风流的外国寡妇，都有一种明显的虚伪、虚荣与虚幻的鲜明色彩，这"三虚"人物的出现，对社会、对爱情、对己、对人都是一股颓废情调和萎缩的浊流。

冰心以温婉又不失调侃的笔调，对此做了深刻的讽刺与抨击。金岳霖后来曾说过，这篇小说"也有别的意思，这个别的意思好像是三十年代的中国少奶奶们似乎有一种'不知亡国恨'的毛病"。

冰心的先生吴文藻与梁思成同为清华学校1923届毕业生，且二人在清华住同一间宿舍，是真正的同窗；林徽因与冰心是福建同乡。这两对夫妇曾先后留学美国，曾在绮色佳（注：今译伊萨卡）

有过愉快的交往。只是时间过于短暂，至少在1933年晚秋这篇明显带有影射意味的小说完成并发表，林徽因派人送给冰心一坛子山西陈醋之后，二人便很难再作为"朋友"相处了。

1938年之后，林徽因与冰心同在昆明居住了近三年，且早期的住处相隔很近，步行只需十几分钟，但从双方留下的文字和他人的耳闻口传中，从未发现二人有交往的经历。

而这一切的缘由，大抵是因为徐志摩的死让冰心对林徽因心生芥蒂。

徐志摩因飞机失事遇难后，冰心给老友梁实秋写信说：

志摩死了，利用聪明，在一场不人道不光明的行为之下，仍得到社会一班人的欢迎的人，得到一个归宿了！……他生前我对着他没有说过一句好话，最后一句话，他对我说的："我的心肝五脏都坏了，要到你那里圣洁的地方去忏悔！"我没说什么。我和他从来就不是朋友，如今倒怜惜他了。他真辜负了他的一股子劲！谈到女人，究竟是"女人误他？""他误女人？"也很难说。志摩是蝴蝶，而不是蜜蜂，女人的好处就得不着，女人的坏处就使他牺牲了。——到这里，我打住不说了！

显然，这封信的落脚点是在"女人的坏处就使他牺牲"上。只是，冰心所暗示的"女人"是谁，想必梁实秋和她都心照不宣。

在徐志摩诗歌创作的鼎盛时期，与他走得最近的有三个女人，即陆小曼、林徽因、凌叔华。而最终的结局是，陆小曼嫁给了徐志摩，林徽因嫁给了梁思成，凌叔华嫁给了北大教授陈西滢。

冰心为徐志摩鸣不平，认为女人利用了他，牺牲了他，其中大概也包括林徽因。徐志摩几次追求林徽因尽人皆知，为了赶林徽因的讲座在大雾中乘飞机，在当时也流传甚广。梁从诫承认："徐志摩遇难后，舆论对林徽因有过不小的压力。"

只是，冰心从不承认《我们太太的客厅》是在影射林徽因，在公众场合提起林徽因，也是一团和气。1987年，冰心在谈到自"五四"以来的中国女作家时提到了林徽因，说："1925年我在美国绮色佳会见了林徽因，那时她是我的男朋友吴文藻的好友梁思成的未婚妻，也是我所见到的女作家中最俏美灵秀的一个。后来，我常在《新月》上看她的诗文，真是文如其人。"

20世纪90年代初期，冰心在一次采访中说，《我们太太的客厅》讽刺的不是林徽因，而是陆小曼。只是，小说中"我们的太太"和陆小曼实在没什么瓜葛，冰心不过是在使用障眼法罢了。

如今，斯人已逝，孰是孰非，早已如一缕尘烟，在岁月的光影里渐渐模糊。

冰心多寿多福，一直活到1999年，以九十九岁中国文坛祖母的身份与声誉撒手人寰，差一点横跨了三个世纪。林徽因比冰心小四岁，却命途多舛，天不假年，早早于1955年五十一岁时驾鹤西去。

恩怨纠葛也好，愤愤不平也罢，历史给世间留下的，终是一声悲叹。

心怀梦想，内心笃定

　　女子，心怀梦想，内心笃定，举手投足之间便有一种奇特的光芒，那是一种如水般坚韧的力量，能穿透所有的坚硬，抵达彼岸。

　　她的一生微澜起伏，又清丽明朗，如诗一般，既有慷慨缠绵的梦残歌罢，又有奔放轻盈的澎湃激昂，在诗意的世界，涓涓流淌。

　　于她而言，"建筑"是另外一个世界，凝固的诗。

　　1932—1935 年，林徽因和梁思成等一帮中国营造学社的同人进行野外勘察，以考察中国古建筑为主。当时，中国营造学社是一个私立机构，创始人朱启钤曾在北洋政府担任交通总长、内务总长、代理国务总理，他下野后，创办了中国营造学社，专门研究中国古代建筑。

　　1931 年，梁氏夫妇离开东北大学回到北平，加盟中国营造学社，梁思成任研究部主任，林徽因担任校理。中国营造学社的考察，从 1932 年夏天开始，他们的第一个目标是平郊的古建筑。1932 年 6 月 11 日，梁思成带着营造学社一个年轻社员和一个随从前往这次野外考察的第二站——宝坻的广济寺。他在《宝坻县广济寺三大士殿》中记录了这次考察的收获：

抬头一看，殿上部并没有天花板，《营造法式》里所称"彻上露明造"的。梁枋结构的精巧，在后世建筑物里还没有看见过，当初的失望，到此立刻消失。这先抑后扬的高兴，趣味尤富。在发现蓟县独乐寺几个月后，又得见一个辽构，实是一个奢侈的幸福。

然而此时，林徽因并没有和丈夫共同体验这种幸福，因为她这时已怀有身孕，还有两个月，他们的儿子就将出生。

虽然不能跟随丈夫去实地考察，但林徽因还可以用另一种方式参与、支持梁思成的事业——撰写建筑论文或著作。夫妻俩于1932 年共同撰写了《平郊建筑杂录》。林徽因在开篇写道：

这些美的存在，在建筑审美者的眼里，都能引起特异的感觉，在"诗意"和"画意"之外，还使他感到一种"建筑意"的愉快。……

无论哪一个巍峨的古城楼，或一角倾颓的殿基的灵魂里，无形中都在诉说，乃至于歌唱，时间上漫不可信的变迁；由温雅的儿女佳话，到流血成渠的杀戮。他们所给的"意"的确是"诗"与"画"的。但是建筑师要郑重郑重地声明，那里面还有超出这"诗""画"以外的"意"存在。

以优美的文笔和富有创造性的文字对枯燥的古建筑进行委婉

的描述，把科学考察报告写得像散文一样具有可读性，这是林徽因对于丈夫最好的帮助，也是她作为一个建筑学者的独特贡献。

同年，林徽因又发表了《论中国建筑之几个特征》：

因为后代的中国建筑，即便达到结构和艺术上极复杂精美的程度，外表上却仍呈现出一种单纯简朴的气象，一般人常误会中国建筑根本简陋无甚发展，较诸别系建筑低劣幼稚。这种错误观念最初自然是起于西人对东方文化的粗忽观察，常作浮躁轻率的结论，以致影响到中国人自己对本国艺术发生极过当的怀疑乃至于鄙薄。……外人论著关于中国建筑的，尚极少好的贡献，许多地方尚待我们建筑家今后急起直追，搜寻材料考据，作有价值的研究探讨，更正外人的许多隔膜和谬解处。

林徽因的论述也解释了，为什么她和梁思成不利用自己的专业去做工程、做设计，轻松快速地赚钱（当时北平只有两家中国人开办的建筑事务所，以梁林两人的留学背景，做这样的事情轻而易举），而是选择了冷门的中国古建筑作为研究对象。

如果说，文学是林徽因的挚爱，那么，建筑亦是她毕生都无法割舍的事业。1932年8月，梁家的第二个孩子梁从诫出生后不久，林徽因便迫不及待地加入营造学社的考察队伍。她和丈夫一起跋山涉水，风餐露宿，辗转于穷乡僻壤、荒郊野外，开始对中国的古建筑进行详细的考察。

为理想孑然而走

到底是坚毅铿锵的女子，有为理想孑然而走的勇气，亦有对梦想的坚持与忍耐。她是那个时代里，优雅明丽的美好。

1933 年，林徽因开始了她的古建筑考察工作。前往山西大同的云冈石窟，便是其中一次重要的考察。

当火车驶入大同站时，梁思成、林徽因等营造学社的同事看到眼前的景象都愣住了。他们无法相信，这般破败的景致就是曾经恢宏一时的辽、金两代的陪都——西京。从火车站广场上望出去，没有几座像样的楼房，大都是些窑洞式的平房，满目败舍残墙。大街上没有一棵树，尘土飞扬直眯眼睛。

车站广场上聚集着许多驼帮。林徽因头一回看到大群大群的骆驼，成百上千的骆驼一队队拥进来。这些傲岸而沉默的生物的影子，被 9 月的夕阳拉得长长的，驼铃苍凉地震响了干燥的空气。这大群的骆驼总是让人想起远古与深邃，想起大漠孤烟与长河落日，这情景，仿佛是从遥远年代飘来的古歌。

林徽因、梁思成加上刘敦桢和莫宗江一行四人，沿着尘土飞扬的街道搜寻旅馆，强烈的骆驼粪尿气味熏得他们捂着鼻子直咳嗽。偌大一个大同城，竟然找不到一家能够栖身的旅馆。街上全是大车店一类的简陋的旅社，穿着羊皮服的骆驼客成帮结伙地蹲踞在铺面的门口，呼噜呼噜喝着盛在粗瓷蓝花大碗里的玉茭稀粥，剃得精光的头顶冒着热气。

出大同城西十六千米，便是云冈石窟。

石窟依武周山北崖开凿，面朝武烈河，五十多个洞窟一字排开。这座石窟开凿于北魏文成帝和平元年（公元 460 年），与中原北方地区的洛阳龙门石窟和西北高原的敦煌莫高窟，一同被列为中外知名的"三大石窟"。

《魏书·释老志》记载，北魏和平年间（公元 460—465 年），高僧昙曜在京城郊外武周塞主持开凿了五座石窟，即云冈十六至二十窟，后人称"昙曜五窟"，是云冈石窟群中最早的五窟。其他各洞窟完成于北魏太和十九年（公元 495 年）迁都洛阳之前。其主要洞窟大约在四十年间建成。

北魏地理学家郦道元在《水经注·漯水》中写道："凿石开山，因岩结构，真容巨状，世法所希。山堂水殿，烟寺相望，林渊锦镜，缀目新眺。"使后人可窥当时之盛况。

云冈石窟的开凿，不凭借天然洞窟，完全以人工辟山凿洞。昙曜五窟，平面呈马蹄形，弯窿是苦行僧结茅为庐的草庐形状，主佛占据洞窟的绝大部分空间，四面石壁雕以千佛，使朝拜者一进洞窟必须仰视，才得窥见真容。这五尊佛像，是昙曜和尚为了取悦当时的统治者，模拟北魏王朝五位皇帝的真容而雕凿的。主佛像高大威严，充满尊贵神圣的气息。

正当一行人为眼前的壮美景象而惊叹时，远处仿佛响起了《华严经》。排箫、琵琶、长笛奏出的美妙仙乐在耳畔缭绕。这穿越了一千五百年时光的声音没有丝毫的消损，仍然轰轰烈烈地震荡着世人的灵魂。

在这被千年光阴雕刻的石窟里，营造学社一行人对其进行了素描与拓片。接着，他们又去了巨刹华严寺和善化寺。这项工作结束后，梁思成和莫宗江要去应县考察木塔，林徽因和刘敦桢返回北平，整理资料。

1934年夏天，梁氏夫妇继去年9月云冈石窟的考察之后，又来到山西吕梁山区的汾阳。

他们原本计划到北戴河度假，临行时费正清和夫人费慰梅告诉他们，美国传教士朋友汉莫在山西汾阳城外买了一座别墅，梁思成也想到洪洞考察，两地相距很近，于是便一同前往。

这是他们的第二次山西之行。虽名为消暑避夏，怎奈夫妇二人一看到古建筑就迈不开腿，把度假变成了工作。费正清回忆道：

菲莉斯（注：林徽因英文名）穿着白裤子，蓝衬衫，与穿着卡其布的思成相比更显得清爽整洁。每到一座庙宇，思成便用他的莱卡照相机从各个方位把它拍摄下来，我们则帮助菲莉斯进行测量，并按比例绘图，工作往往需要整整一天，只是中午暂停下来吃一顿野餐。思成虽然脚有点跛，但他仍然能爬上屋顶和屋椽拍照或测量。

在费氏夫妇的协助下，梁思成、林徽因对太原、文水、汾阳、孝义、介休、灵石、霍县、赵城一带汾河流域的古代寺庙进行了一系列的考察，发现古建筑四十余处。这次考察最有价值的发现，莫过于赵城的广胜寺和太原的晋祠。1935 年 3 月，林徽因与梁思成把这次山西之行的成果写成了《晋汾古建筑预查纪略》。

小殿向着东门，在田野中间镇座，好像乡间新娘，满头花钿，正要回门的神气。

……

我们夜宿廊下，仰首静观檐底黑影，看凉月出没云底，星斗时现时隐，人工自然，悠然融合入梦，滋味深长。

……

后二十里积渐坡斜，直上高冈，盘绕上下，既可前望山峦屏嶂，俯瞰田陇农舍，及又穿行几处山庄村落，中间小庙城楼，街巷里井，均极幽雅有画意。

《晋汾古建筑预查纪略》是梁、林二人合写的。在他们眼里，一砖一瓦皆是情，是生命的存在，亦是诗意的想象。

与宁公遇对话

为信仰出走，终是快乐且无畏的。那份对理想事业的执着与眷恋，便是这艰辛的旅途上，最好的慰藉。

考察中国古建筑，必是一项艰苦的工作。1936 年 5 月 28 日，梁氏夫妇和营造学社的同事去河南洛阳龙门石窟、开封及山东历城、章丘、泰安、济宁等处进行古建筑考察。在给妹妹梁思庄的信中，林徽因道出了旅途的辛苦：

出来已两周，我总觉得该回去了，什么怪时候，赶什么怪车都愿意，只要能省时候。……

每去一处都是汗流浃背的跋涉，走路工作的时候又总是早八至晚六最热的时间里，这三天来可真真累得不亦乐乎。吃得也不好，天太热也吃不大下。因此种种，我们比上星期的精神差多了。……

整天被跳蚤咬得慌，坐在三等火车中又不好意思伸手在身上各处乱抓，结果浑身是包！

舟车劳顿不过是其中的一部分，除此之外，还要对发现的古建筑进行拍照、测量、绘图、整理等工作，绝非易事。

到 1937 年，梁思成带着营造学社的同事几乎跑遍了整个华北地区。虽然有很多惊喜发现，但不得不面对一个令人揪心的事实：迄今发现的所有木结构建筑都是宋辽以后的遗存。日本学者曾经断言，中国已经不存在唐代以前的木结构建筑，只有在奈良才能看到真正的唐代建筑。营造学社的努力似乎也印证了这一尴尬的现实。

但是梁思成和林徽因一直没有放弃希望。他们以科学家的敏感认定，在中国某一处，一定还存有真正的唐代建筑。眼下战乱纷纷，他们被迫加紧了考察的步伐。在那个兵荒马乱的年代，梁氏夫妇这份对建筑极其诚挚的态度与开拓精神，成就了他们人生里，最美的一抹光影。

1937 年 6 月，他们先坐火车到太原，而后转乘汽车抵达五台县，再从那里骑乘骡轿，在崎岖陡峭的山路上走了整整两天，终于到达佛光寺。

考察这座寺庙的契机很偶然。梁思成和林徽因无意间在法国汉学家伯希和的《敦煌石窟》一书中，发现了两幅描绘佛教圣地五台山全景的唐代壁画，壁画描绘了五台山的山川与寺庙，并标注了寺庙的名称。这燃起了他们内心深处残存的希望。因此，二人决定前往大山深处，试图挖掘唐代木结构建筑的残迹。

眼前的佛光寺业已失去往昔的光彩。推开沉重的殿门，黑暗的屋顶藻井是一间黑暗的阁楼，厚厚的尘土在藻井上累积了千年。

成千上万只黑色的蝙蝠倒挂在屋檐上，尘土中还堆积着许多蝙蝠的死尸。蝙蝠聚集在黑暗的角落，三角形的翅膀扇动着令人窒息的尘土和秽气。藻井里到处爬满了臭虫，它们以吸食蝙蝠血为生。

这光景，恐怖又凄凉。

梁思成和林徽因戴上口罩，便开始测量、记录和拍照。惊起的蝙蝠在他们周围飞来撞去，他们也视若无睹。在呛人的尘土和难耐的秽气中待了几个小时，他们的身上和背包里都爬满了臭虫，浑身奇痒难耐。

在殿堂工作了三天，他们的眼睛已适应了屋顶昏暗的光线。终于，林徽因在大殿一根主梁上发现了一行模糊的刻字：女弟子宁公遇。在与大殿外经幢上刻着的"佛殿主上都送供女弟子宁公遇"几个字进行核实时，他们最终确定，先前在大殿中见到的那尊身着便装、面目谦恭的女人坐像，并不是寺僧所说的"武后"塑像，而是这座寺庙的女施主——宁公遇夫人。

宁公遇夫人曾捐出家产修筑这座寺院，当寺院落成时，她也把自己永远地留在了这里，日日倾听着暮鼓晨钟和诵经声，谦卑地守护着缭绕的香火和青灯黄卷。

如今，这座寺庙已经有超过一千年的历史，是梁思成等人历年搜寻考察中，所找到的唯一一座唐代木结构建筑，比他们以前发现的最古老的建筑还要早一百多年。不仅如此，他们还在这里发现了唐代的壁画、书法、雕塑。

1937 年 7 月的五台山佛光寺考察是中国建筑史上最伟大的发

现。另外，还有唐代塑像三十余尊和一小幅珍贵的唐代壁画与大殿一同被发现。这是除敦煌以外，梁思成所知道的中国本土唯一现存的唐代壁画。

离开之前，梁思成给林徽因和"女弟子宁公遇"的塑像拍了一张合影。一千年过去了，女建筑学家林徽因和佛光寺的宁公遇夫人相遇，从彼此的沉默里，我们读到了女性的坚韧、虔诚与肃穆。

执笔筑史

建筑是林徽因毕生的事业，爱情则是她此生永恒的守护。

她愿意将理想放逐于天地，也甘愿成为爱人背后的女人。

1939 年，南京中央博物院筹备处聘请梁思成担任建筑史料编纂委员会主任，梁思成和林徽因开始了书写中国建筑史的构思。1941 年，正当两人着手整理资料时，他们得知，1939 年天津的一场大水，将他们存放于银行地下保险库的所有建筑考察资料毁于一旦。

当时，正在李庄的夫妇俩便决定就随身携带的资料，和营造学社的同事们一起，全面系统地总结、整理他们的考察成果，开始撰写《中国建筑史》。同时，他们还打算用英文撰写说明并绘制一部《图像中国建筑史》。

在工作中，梁思成的脊椎病复发，因为怕写作时身体不支，只好用一个玻璃瓶垫住下巴。林徽因此时的肺病也越来越严重，时常大口地咯血，大部分时间只能在床上倚着被子半躺半坐。

即便如此，她仍为《中国建筑史》倾注了大量心血。林徽因翻译了一批英国建筑学期刊上的学术论文，让丈夫从史语所给她借回来许多书，通读二十四史中关于建筑的部分，帮助丈夫研究汉阙、岩墓。

用金岳霖的话，林徽因那段时间"全身都浸泡在汉朝里了，不管提及任何事物，她都会立刻扯到那个遥远的朝代去，而靠她自己是永远回不来的"。梁思成在这段时间给费正清写的信中也提到了这件事情：

这些日子里，她对汉代的历史入了迷。有人来看她时，无论谈到什么话题，她都能联系到那个遥远的朝代去。她讲起汉代的一个个帝王将相、皇后嫔妃，就像在讲自己最要好的朋友一样熟悉。她把汉代的政治经济、礼仪习俗、服饰宴乐与建筑壁画结合在一起进行研究，做了大量的摘录和笔记。她甚至想就这段历史写一部剧本。

战时经济困难，梁思成的中国营造学社已经"挂靠"到中央研究院，纳入正式编制，学社的同事有了固定的工资，一些资助也陆续到位。林徽因特别高兴，她写信给费慰梅，难掩喜悦之情：

思成的营造学社已经从我们开始创建它时的战时混乱和民族灾难声中的悲惨日子和无力挣扎中走了出来，达到了一种全新的状态。它终于又像个样子了。同时我也告别了创作的旧习惯，失去了同那些诗人作家朋友们的联系，并且放弃了在我所喜爱的并且可能有某些才能和颖悟的新戏剧方面工作的一切机会。

　　这或许就是我们时常念叨的相依相偎、肝胆相照的爱情吧，志同道合又惺惺相惜，一切因你而值得。爱一个人，定是爱着他的爱。看着对方做自己喜欢的事，自己也恨不能贡献自己的所有力量。

　　梁思成在给费正清的信上曾说：

　　很难向你描述也是你很难想象的：在菜油灯下做着孩子的布鞋，购买和烹调便宜的粗食，我们过着我们父辈在他们十几岁时过的生活但又做着现代的工作。有时候读着外国杂志看着现代化设施的彩色缤纷的广告真像面对奇迹一样。……我的薪水只够我家吃的，但我们为能过这样的日子而很满意。我的迷人的病妻因为我们仍能不动摇地干我们的工作而感到高兴。

　　虽然肺病缠身，但林徽因全然忘我地将自己投入工作中，承担了《中国建筑史》全部书稿的校阅，并执笔写了书中的第六章宋、辽、金部分。

　　在这部分中，仅是中国的塔，她就列举了苏州虎丘塔、应县木塔、灵岩寺辟支塔、开封祐国寺铁色琉璃塔、涿县（今涿州市）北塔及南塔、泰宁寺舍利塔、临济寺青塔、白马寺塔、广惠寺华塔、晋江双石塔、玉泉寺铁塔等数百种，并细心地研究了它们各自的建筑风格、特点、宗教意义。

尽管身体承受着痛苦，但梁思成和林徽因在工作中得到了极大的快慰，投入创作中时，他们忘记了病痛，忘记了时间。

1946 年 4 月，《中国建筑史》编撰完成。它的问世，结束了没有中国人写的中国建筑史的缺憾，纠正了西方人对中国建筑艺术的偏见。

最后，这部划时代著作的作者署名是"梁思成"。林徽因收集资料、提供灵感、执笔写作、文字加工，到最后校对书稿，并亲自用钢板和蜡纸刻印，却不曾署名。在她心中，丈夫梁思成应该享有这份成就与荣耀。他好，就是她好。

所以，梁思成在《图像中国建筑史》一书的前言里说："我要感谢我的妻子、同事和旧日的同窗林徽因。二十多年来，她在我们共同的事业中不懈地贡献着力量。……没有她的合作与启迪，无论是本书的撰写，还是我对中国建筑的任何一项研究工作，都是不可能成功的。"

写诗，她耳濡目染，有感而发，不过灵气使然，在现代文学中留了精美的一笔。建筑，她倾心热爱，一生不悔。或许对她来说，这已不仅仅是一项事业，而是与梁思成爱情的见证和根基。

【在安静中，不慌不忙地坚强】

一季光阴，悠悠老去。爱的心湖，在岁月里泛起层层暖意。

好的爱情，定是这般静气，亦如梁思成和林徽因。无须快意恩仇，情感泛滥，只要十指相扣，轻执杯盏，在每一个黄昏日落，静候烟霞，安静到无言。

他不浪漫，无法点燃她如火的热情，只如一颗星辰，甘愿隐没在她的光芒里，用自己的深情，伴她走过地老天荒。流年心事，她曾为他说出一句话："我得用一生去回答你。"生死相依，不离不弃。

从执子之手走向与子偕老，他们相偎相依，温柔了一世的光景。

也许，在林徽因眼里，她只是做了一个妻子该做的一切，默默陪伴，用爱守护一个家。无论逆境还是顺境，都要从容优雅，亦如这句话："温柔要有，但不是妥协，我们要在安静中，不慌不忙地坚强。"

岁月带走了她的亲人，磨蚀了她的容颜，却终究没有枯萎她的才情。那些如梦的诗语，是她散落的心事，化作一泓清水，一缕心音，柔软了尘世里，多少倦怠的心。

庭院静好，岁月无惊。此情，唯美。此景，心醉。

硖石之伤

人总是要各自飞行，旅途的同伴会生病，会衰老，会离去……但我们并不孤单，即使要天各一方，天空也依旧留下了自己爱过的痕迹。那些与自己有过交集的人，终有一天会化成一句诗、一幅画或是一段故事。人总是要各自飞行，缘来缘去，何必强留？

徐志摩去世三年后，林徽因和丈夫梁思成在浙南考察，路过徐志摩的家乡硖石时，她不由得陷进回忆：

我是天空里的一片云，
偶尔投影在你的波心——
你不必讶异，
更无须欢喜——
在转瞬间消灭了踪影。
你我相逢在黑夜的海上，
你有你的，我有我的，方向；
你记得也好，

最好你忘掉，

在这交会时互放的光亮！

　　都说，徐志摩的这首诗是为她而写，都说，是她成就了徐志摩生命里最美丽的初恋，但谁又能说，那次生命的偶然相交，没有成全现在的林徽因。

　　他教会她爱情的第一种滋味，也教会她诗的浪漫与美丽。但是为什么，徐志摩为了她漂洋过海追过来，用情之深感天动地，却依然无法感动她与自己在一起？林徽因一向理智，她懂得哪一种选择对女人而言更适合。所以，尽管日后与梁思成的生活少了多彩的颜色，但终归安稳妥帖。只是，选择了徐志摩的陆小曼，多了热烈，却也惹了愁端。

　　林徽因从来没有说过，她爱徐志摩，只是，这无意经过硔石时动心的一瞬，便已泄露了她从不言明的秘密。她眼前浮现出那张孩子似的脸，浅浅笑着。是笑那些在他离开后，世人对他的评价吗？他是从不介意这些评价的人。

　　在许多浅陋刻薄的攻讦面前，徐志摩表现出的，往往是怜悯原谅；他仿佛永远洁净着心灵，高高抬头，用完整的诚挚信念支撑他心中的勇气。这是林徽因眼中的徐志摩。然而，就是这样的徐志摩，最终也不得不在他的理想之下低头。

　　火车擒住轨，在黑夜里奔：

过山，过水，过陈死人的坟；
过桥，听钢骨牛喘似的叫，
过荒野，过门户破烂的庙，
过池塘，群蛙在黑水里打鼓，
过喋口的村庄，不见一粒火；
过冰清的小站，上下没有客，
月台袒露着肚子，像是罪恶。
这时车的呻吟惊醒了天上
三两个星，躲在云缝里张望：
那是干什么的，他们在疑问，
大凉夜不歇着，直闹又是哼，
长虫似的一条，呼吸是火焰，
一死儿往暗里闯，不顾危险，
就凭那精窄的两道，算是轨，
驮着这份重，梦一般的累坠。
……

林徽因静静望着窗外，火车已经开动，带她离开这座偶然的小城。松林在黑夜里叹息，往事沉在暗夜里，模糊不可辨。风凛冽地撞开她的心，仿佛要吹尽心头的热情。身边的丈夫只是静静陪着她，为她披上一件外衣。

林徽因知道，徐志摩离开得太早。世人惋惜，但对他自己而言又何尝不是一种解脱。徐志摩的生命，唯其短暂，所以可观。他在那短短的一生里，便经历了其他人用长长一辈子都未必能尝遍的——爱恨嗔痴。

他太不一样，与时代格格不入。无论后人对这个时代有怎样的评价，颓废也好，趄趄霸气也罢。那似乎都不像是徐志摩的年代。他浪漫但不颓废，他有志气却不霸气，写的文章讽刺的、夸赞的都很到位，但都透着绅士气，平静而温和。

他爱水，爱空中的飞鸟，爱车窗外掣过的田野山水。星光的闪动，草叶上露珠的颤动，花须在微风中的摇动，雷雨时云空的变动，大海中波涛的汹涌，都是触动他感情的情景，都是他的灵感。

林徽因知道，此刻的徐志摩，正享受着生命中难得的平静。现在，他与青山同体，坐拥心中最美的风景。

不可言传的平和静美

有人说衡量一位女性有多大魅力，看看她身边的男性素质如何就知道了。这么说的话，林徽因必定是个魅力超凡的女性了。建筑学家梁思成是她的丈夫，新月派诗人徐志摩是她的知己。还有一位一直与林徽因联系在一起的优秀男人，就是"择林而居"的哲学家金岳霖。

他的心是一叶孤舟，停在时间的汪洋里，终其一生，与她隔岸相望。

金岳霖爱林徽因，真真切切。他的爱，不曾惊艳于世，却伴随他爱的人，走过青丝韶华，日日年年。

金岳霖出生于湖南长沙，年长林徽因九岁。他自幼聪敏，小小年纪便考进清华，1914年毕业后留学英美。刚到美国，他在家人的安排下选择了商科，后来到哥伦比亚大学改学政治学，仅两年就拿到了博士学位。结束了美国的短期任教，金岳霖游学欧洲近十年，其间，他转攻逻辑学，并将其视为自己的终生事业。

自欧洲回国后，金岳霖执教于清华大学哲学系。在清华教书时，他总是一身笔挺的正装，打扮入时。当时，金岳霖只有三十出头，这个受了十几年欧洲文化熏陶的年轻人仪表堂堂，很有绅士派头。逻辑学这门年轻的学科，差不多便是这位年轻的学者引进中国的。时人有言，如果中国有一个哲学界，那么金岳霖当是哲学界之第一人。

这样风度翩翩、才情斐然的男子，怎能不俘获女人的芳心？早在英国读书时，金岳霖就受到不少外国女同学的爱慕。据传，一位金发美人甚至还跟随他来到了中国，并与之同居。然而，关于他们的恋情，文献中记载甚少。

世间的爱情大抵如此，有的封存于岁月深处，无影无踪，有的，便成了红尘旧事里，不可言传的平和静美。如，他与林徽因。

金岳霖对林徽因的才华、人品赞不绝口，对她本人亦是呵护有加。徐志摩去世后，金、林二人的交往越发亲密。她深知，除了梁思成，再也没有人能像金岳霖这般，疼惜她、爱护她。

他爱了林徽因一生，且与梁氏夫妇感情深厚，一辈子"择林而居"。

金岳霖晚年回忆说："他们住前院，大院；我住后院，小院。前后院都单门独户。三十年代，一些朋友每个星期六都有集会，这些集会都是在我的小院里进行的，因为我是单身汉。我那时吃洋菜，除了请了一个拉东洋车的外，还请了一个西式厨师。'星期六碰头会'吃的咖啡冰淇淋和喝的咖啡都是我的厨师按我要求的浓度做出来的。除早饭在我自己家吃外，我的中饭、晚饭大都搬到前院和梁家一起吃。这样的生活维持到七七事变为止。抗战以后，一有机会，我就住他们家。"

到底是坦荡君子。终于，他将这爱告知于她，只是倾诉，不求回答。这倒难为了她，眼前这个富有才华、温柔、有绅士风度的男子，早已使她的内心泛起了波澜。只是，她用自己飘逸优雅的姿态，隐藏了对于这份爱情的顾盼。

金岳霖的心是赤诚的，林徽因对他的感情也是清洁无尘。对于梁思成，他们也从未隐瞒。三个人一直相依相伴，是那个年代里最真诚、高洁的存在。

梁氏夫妇在李庄时，金岳霖得知林徽因生病的事，恨不能长出翅膀飞过去看望病重的老友。见到林徽因第一眼时，她枯瘦如柴，面色苍白，这让他的心里愧疚不已，第二天便去集市买了十几只刚出壳的小鸡给她送去，说是要养鸡下蛋，给大人和孩子改善伙食，补充营养。

梁思成、林徽因和金岳霖，他们的关系，与其说是朋友，倒不如说是亲人。他们心心相印，患难与共。这份情义，深厚笃信。

林徽因在给费慰梅写信时，曾这样描述三个人在李庄的生活：

思成是个慢性子，愿意一次只做一件事，最不善处理杂七杂八的家务。但杂七杂八的事却像纽约中央车站任何时候都会到达的各线火车一样冲他驶来。我也许仍是站长，但他却是车站！我也许会被碾死，他却永远不会。老金（正在这里休假）是那样一种过客，他或是来送客，或是来接人，对交通略有干扰，却总能使车站显得更有趣，使站长更高兴些。

晚年时，曾有人请求金岳霖给再版的《林徽因诗集》写一些话。他考虑良久，拒绝了。"我所有的话都应当同她自己说，我不能说。"他停顿一下，又补充道，"我没有机会同她自己说的话，我不愿意说，也不愿意有这种话。"

林徽因去世后，他从未与他人谈起对她的思念。曾有记者拿出一张泛黄的林徽因年轻时的照片，向他询问拍照的时间背景，这位耄耋之年的老人或许是从未见过，仔细端详着，喉咙哽咽，半晌沉默无言。继而，他微微抬起头，像是小孩求情似的说："给我吧！"

情至这般，叫人感动叹惋，疼痛酸楚。

在林、梁、金三人中，金岳霖最长寿，享年八十九岁。晚年，金岳霖和林徽因的儿子梁从诫生活在一起，从诫以"尊父"之礼事之，称之为"金爸"。金岳霖去世后，梁从诫夫妇料理了"金爸"的所有后事，并将他与父母安葬于一处，让他们再次"毗邻而居"。

守着一脉深情，他一世无憾，无悔。

那些隐匿的心事

　　爱情的形式并不千篇一律，无论是长久的温存，还是短暂的相遇，又或是无可奈何的遗憾，这一切，都能称为爱情。

　　金岳霖爱上林徽因时，她已和梁思成有了一个幸福的家庭。两个情深意重的男子，一个给了她稳定的生活，一个则填补了她内心渴望的爱情。该如何抉择？林徽因曾苦恼不已，她坦白告诉丈夫，自己同时爱上了两个人。

　　那一晚，梁思成彻夜无眠。

　　第二天，他向林徽因表达了自己的态度："你是自由的，如果你选择了金岳霖，我祝你们永远幸福。"一句话，看似风轻云淡，却字字关情。这或许是一个丈夫对妻子最宽宏的爱了吧，不索取不占有，只愿你一世安好，便心满意足。

　　听完林徽因的转述，金岳霖说："思成能说这个话，可见他是真正爱着你，不愿你受一点点委屈。我不能伤害一个真正爱你的人，我退出吧。"

　　此后，他与梁林夫妇毗邻而居，且终身未娶。

　　爱她，就成全她。如此气度，让遇见他的人无不心生敬意与怜惜。

爱情不论时间长短、结果如何，都是美好而令人回味的。人生若只如初见，何事秋风悲画扇。初见惊艳，再见亦然，纵使相见恨晚，这场相遇也依然是夕阳下一道温柔的晚霞，让人心醉沉迷。

喜欢一个人，爱一个人，是一件深厚久远而又私密的事，它可以是一生一世一辈子。聪明如林徽因，她知道，这样的爱情只能收纳于心，在那幽谧的花园里，静静盛开。或许是因为太清醒，所以，她终于选择将这稠密的心思隐于微笑，隐为静默。

人生自是有情痴，此恨不关风与月。喜欢或者爱，于用情至深之人，是千钧的重量。它是付出，而非索取，是包容，而非要求。就像金岳霖，永远等在林徽因必经的路旁，倾其一生，默默守候。

他说林徽因："别人聪明不过你，也笨不过你"，他还说，"一离开梁家，就像丢了魂似的"。他的爱犹如悬崖上绵延无绝期的花，妖娆惊艳，却从未想过被人采撷，而是自顾自地芬芳了他记忆中最美的年华。

都说爱情会把人掏空，仿佛无法与心爱的人在一起，便会心死成灰，仿佛爱人心里留有另一个人的位置，就要拼了命地斩草除根。只是，人的一生不会只爱一次，爱情就像广袤的大海，承载了每一段细水长流的感情，那个在你心里留下位置的人，只是以某种方式被我们默默珍藏。

好的爱情，都值得珍藏。

初见灿若桃花，蓦然回首，已是沧海桑田。她的美，直抵人心，而他，眼见滚滚红尘呼啸而过也可以不为所动。他的深情，就是她的心债。无情未必真决绝，想那时光氤氲中的你与我，留恋过，惋惜过，却甘愿在这一刻，任泪水湿了眼眸，也不要说破。

最美的季节，我在你眼中看到了自己。那些隐匿的心事，你知，我知，流年亦知。是是非非，不说也罢。

徽因如水

林徽因具备一个女人独有的魅力，不但能征服男人，也能赢得其他女性的倾慕。

她是别人眼中"一位高雅的、可爱的姑娘，像一件精美的瓷器"，她"相貌又极美，真像是从天而降的仙女"，"每次她一到校，学校立即轰动起来，她身着西服，脚穿咖啡色高跟鞋，摩登，漂亮，而又朴素高雅"。就连梁思成的续弦林洙也对丈夫的亡妻赞叹有加："她是我一生中所见到的最美、最有风度的女子，她的一举一动、一言一语，都充满了美感，充满了生命，充满了热情。"

从别人对林徽因的评价里，大抵能想象，这个女人有着怎样静美的气质，才叫人夸赞不已。

林家有女初长成。

当其他女孩还沉浸在琐碎的家庭生活中时，林徽因已经选择在更广阔的天地里实现自己的抱负。

她是一个混合体，是逻辑严谨的建筑师，亦是感情细腻的诗人。面对徐志摩与金岳霖的追求和守护，她表现出令人惊异的理智，选择了志同道合的梁思成做丈夫。她的外表和性格也是矛盾的，人美如花，心思缜密，却有着男人般豪爽的性格、高傲的眼界。

我们可以肯定地说，林徽因绝对没有辜负梁思成。无论是车祸之后的精心照料，还是二人结婚之后的夫唱妇随。人们知道梁思成在建筑上的成就，但若没有林徽因相伴，梁思成的成就也许不会如此耀眼。林徽因在丈夫的研究中，做了大量不为人知的工作。一切都是默默地进行，她没有署上自己的名字。因为她与梁思成早已不分彼此。

难怪人们说，像女人的女人，魅力并不致命，像男人的女人才最要命。林徽因就是这样，不但能同男性建立纯粹的友谊，与他们共同畅想人生，同时，又能把握自己的情感，使它不流于轻浮，不会在如洪流般的情感中沉沦。

林徽因把聪慧这个词领悟得很好，任何时候，任何境况，她都不会让自己的生活失控，让自己过于狼狈。

在民国那如梦似幻的黑白剪影里，美貌与才华兼备的女人不止林徽因一个，引人入胜的爱情故事也不止这一桩。阮玲玉、张爱玲、蒋碧薇、萧红……她们有出众的天赋和才华、令人羡慕的容貌与智慧，却总是因为爱情，伤了自己。大抵是那份在爱情里的执着太过锋利，生生割断了聪慧的弦，她们才变"傻"了，被伤了。

但林徽因，却是民国才女中的异类。

世界上最坚韧的不是石头，是水，她就像流水，灵活柔软地避开了执着的利刃，从那风花雪月的迷阵中，全身而退。

不得不承认，无论在生活上还是在感情上，女人都比男人需要更多的智慧。她既要能巧妙地躲过路边的荆棘，同时又不至于划伤自己，还要在每次起程时有不畏不惧的勇气，这一切，真的不容易。

林徽因是一位复杂的女性。她善良、聪慧，用现在的话说情商极高，她能理解对方，为对方设身处地地着想，从不会嘲笑别人。但从另一方面看，她又是那么的理智甚至冰冷无情。面对热烈追求的徐志摩她能决然地转身，面对默默守护的金岳霖她以礼相待，面对丈夫的宽容呵护她也能坦然相告"我同时爱上了两个人"。

从某种程度上来说，林徽因算得上是爱情的终结者吧！她不是一个特别适合谈恋爱的人。恋爱大概是属于徐志摩陆小曼那一类人的，赴汤蹈火，无怨无悔，蜡炬成灰泪始干。而林徽因的性格中占上风的始终是理智。她是一个特别清醒、特别从容的人，不会为了某种情绪让自己深深沉沦。她有属于自己的坚持和原则，有自己独立的空间。所以她能留下许多的瞬间和剪影，有些人记住的是她的柔情婉转，有些人记住的是她的淡然自若，有些人记住的是她的热情执着。或许正是由于她的复杂，不可名状，才会有那么多人仰慕她，爱恋她，甚至一生一世守在她身边。

温柔要有，但不是妥协

　　她有着倨傲的心性、出众的才情、不俗的抱负，却并非像人们所想，是个温柔静默的女人。她太聪明，对事物往往有着自己独到的见解，且从不隐匿于心，喜欢在朋友面前表达自己对问题敏锐的分析。正是这种清透、毫无掩饰的品性，让她成为民国女子中，一个美丽的传奇。

　　"民国第一才女"，这个称号对林徽因而言，无可非议。从文学、建筑到艺术，她都有非凡的贡献。凑巧，她还生得一副清秀的容貌，这样的女人，对于20世纪30年代的大部分中国女性来说，是一个不可想象的存在。

　　读林徽因的诗句，人们总会在脑海里勾勒出一个模糊而又美丽的身影，那样的眼波流转，顾盼生姿。事实上，林徽因的性格动静皆宜，她心直口快，想说什么说什么，批评起人来也毫不留情面。费慰梅曾经这样形容她的犀利言谈："她的谈话和她的著作一样充满了创造性。话题从诙谐的逸事到敏锐的分析，从明智的忠告到突发的愤怒，从发狂的热情到深刻的蔑视，几乎无所不包。"

林徽因的善谈是很出名的，她的思想活跃，仿佛永远充满着热情和强大的生命力。或许正因为这样，对于世间的完美，她有着更为苛刻的要求。据她的学生回忆，东北大学建筑系的一堂素描课上，有个男生怎么也画不好一幅作品，在林徽因的耐心指导下，仍然不得要领，急得她脱口而出："这简直不像人画的！"那男生羞愤交加，一气之下转了系。

林徽因生性好强，似乎永远都有忙不完的事。梁思成和妻子在一起，大多时候都是温和、谦让的，为此，他从朋友那里获得了"烟囱"这个绰号。但日子一长，事情一乱，梁思成这"烟囱"也会有添堵的时候。有时，两人争论起专业问题，梁思成就会用知识分子特有的固执，对林徽因寸步不让，导致最后两人不欢而散。

林徽因发火不会歇斯底里，但语言尖锐犀利。她说这些伤人的话，几乎都是用英文表达。即使并没有什么激动的神色，那冷冰冰的眼神，也能让人心情跌到谷底。

林徽因也清楚自己的弱点，什么事情到她这里都会被放大。因为求好心切，争强好胜，烦躁的感觉往往会瞬间加倍。什么事情都想做好，凑在一起就成了平方，像大雪一样快要把她给淹没了。这一点，李健吾先生曾这样表达自己的看法：

（她）绝顶聪明，又是一副赤热的心肠，口快，性子直，好强，几乎妇女全把她当作仇敌……她缺乏妇女的幽娴的品德。她对于任何问题感到兴趣，特别是文学和艺术，具有本能的、直接的感悟。

生长富贵，命运坎坷；修养让她把热情藏在里面，热情却是她生活的支柱。喜好和人辩论——因为她爱真理，但是孤独、寂寞、抑郁，永远用诗句表达她的哀愁。

林徽因是典型的"刀子嘴豆腐心"，但凡了解她的亲友都不会计较。梁思庄的女儿吴荔明曾回忆说：

> 我的妈妈，一直和二舅妈相处得很好，她们还在十几岁时就相识了，后来又一起在国外留学。由于共同接受了西方教育，使她们有很多共同语言，亲如姐妹。……妈妈说二舅妈林徽因是"刀子嘴豆腐心"，别看她嘴巴很厉害，但心眼好。她喜怒形于色，绝对真实。正因为妈妈对二舅妈的性格为人有这样深刻的认识，才能使她们姑嫂两人始终是好朋友。

1936 年 1 月，丧夫的梁思庄带着女儿从广州回到北平，初到北平时住在梁家，林徽因还写信同费慰梅唠叨了一番——面对琐碎的家务事，她总是无力招架，经常会发牢骚。尽管如此，林徽因对梁思庄母女特别好，即使在外地考察也要特意写信，询问她们是否安顿好了。

梁思成的第二任妻子林洙曾在《梁思成、林徽因与我》中提到，她以"同乡"身份到清华先修班学习时，被介绍给林徽因，林徽因主动热心地给她补习英文。后来，林洙要和在清华任教的男友结婚，但经济困窘。林徽因知道后找到她，告诉她营造学社有一笔款项专门用来资助青年学生，让她先用。看到对方一脸窘迫，林徽因立刻安慰说："不要紧的，你可以先借用，以后再还。"之后不由分说把存折塞给了她，还送了一套青花瓷杯盘做贺礼。后来林洙想还这笔钱，却被林徽因"严厉"地退了回来。

　　"林徽因式"的热忱，包裹着尖锐的刺。如果你不能接受这些尖利的表象，就无法触及她内心的柔软。好在林徽因的朋友们都能包容她最"坏"的那一面。因为他们知道，这个美丽的嘴上不饶人的女学者，"好"的那面是值得结交一生的。

哭三弟恒

永恒，是一场宿命，也是这世间最残酷的物语，它借着那蛊惑人心的魅惑音域，将我们引入一场美妙的故事，并最终留下无言的结局。如同林徽因在诗里所说："永恒是人们造的谎，来抚慰恋爱的消失，死亡的痛。"

死亡，有谁不将面对它？在死亡面前，我们的生命停止，往昔消逝，再也无法与相爱的人亲吻、拥抱，再也无法拂去亲人脸上的忧伤。唯独将刺骨的痛，留给深爱我们的人。

1941 年 3 月，林徽因二十五岁的弟弟林恒阵亡于成都上空。那天，由于后方防空警戒系统的无能，大批敌机已经飞临成都上空，军队仅有的几架驱逐机才得到命令，仓促起飞应战。林恒驾驶的飞机刚刚飞离跑道，就被日军击落在离跑道尽头只有几百米的地方。他没能参加一次正式的战斗，就献出了自己年轻的生命。

当时，林徽因正是重病，梁思成匆匆从重庆赶到成都收殓了林恒的遗体，掩埋于一处无名墓地。一套军礼服，一把刻有蒋介石名字的毕业纪念佩剑，这些就是林恒全部的遗物。梁思成把东西包在一个黑色包袱里带回了李庄。病中的林徽因默默地咽着这杯苦酒。

三年后，林徽因忍住泪水为三弟写下了《哭三弟恒——三十年空战阵亡》：

弟弟，我没有适合时代的语言
来哀悼你的死；
它是时代向你的要求，
简单的，你给了。
这冷酷简单的壮烈是时代的诗
这沉默的光荣是你。

假使在这不可免的真实上
多给了悲哀，我想呼喊，
那是——你自己也明了——
因为你走得太早，
太早了，弟弟，难为你的勇敢，
机械的落伍，你的机会太惨！

三年了，你阵亡在成都上空，
这三年的时间所做成的不同，
如果我向你说来，你别悲伤，
因为多半不是我们老国，

而是他人在时代中辗动，
我们灵魂流血，炸成了窟窿。

我们已有了盟友、物资同军火，
正是你所曾经希望过。
我记得，记得当时我怎样同你
讨论又讨论，点算又点算，
每一天你是那样耐性的等着，
每天却空的过去，慢得像骆驼！

现在驱逐机已非当日你最理想
驾驶的"老鹰式七五"那样——
那样笨，那样慢，啊，弟弟不要伤心，
你已做到你们所能做的，
别说是谁误了你，是时代无法衡量，
中国还要上前，黑夜在等天亮。

弟弟，我已用这许多不美丽言语
算是诗来追悼你，
要相信我的心多苦，喉咙多哑，
你永不会回来了，我知道，
青年的热血做了科学的代替；

中国的悲怆永沉在我的心底。
啊，你别难过，难过了我给不出安慰。
我曾每日那样想过了几回：
你已给了你所有的，同你去的弟兄
也是一样，献出你们的生命！
已有的年轻一切；将来还有的机会，
可能的壮年工作，老年的智慧；

可能的情爱，家庭，儿女，及那所有
生的权利，喜悦；及生的纠纷！
你们给的真多，都为了谁？你相信
今后中国多少人的幸福要在
你的前头，比自己要紧；那不朽
中国的历史，还需要在世上永久。

你相信，你也做了，最后一切你交出。
我既完全明白，为何我还为着你哭？
只因你是个孩子却没有留什么给自己，
小时我盼着你的幸福，战时你的安全，
今天你没有儿女牵挂需要抚恤同安慰，
而万千国人像已忘掉，你死是为了谁！

这是 1944 年凄冷的秋，三弟林恒已经去世三年。

三年了，一切历历在目，新鲜如初的伤，不经意一碰，就会鲜血奔涌。

三年前的一天，梁思成自重庆回来，面如土色。林徽因注视着丈夫欲言又止的表情，便知道事情不妙。他们已有三个月未收到林恒的信，一颗心被吊着，现在竟"啪"的一声掉下来，摔得粉碎。

事实上，从七岁时祖母仙逝，到后来梁思成的母亲李夫人病故，再到自己的父亲被流弹击中身亡，一个又一个亲人的离去，让林徽因早已读懂了死亡与无常。然而，当三弟突然离世的消息传来时，她仍旧无法抑制内心的悲痛。

这首悲愤与惋惜交融之作，便是一个姐姐对弟弟的倾心诉说。与林徽因往日柔美婉约的诗作风格不同，它哀痛、悲壮，字字交织着爱与恨，像是内心深处的呐喊。或许，这也是她逼仄的心在绝境之中的一种释放吧。

至死不渝的异国情谊

  在那个充满理想和诗意的年月里，怀着对中国人文历史和艺术的共同追求，一对情笃的外国夫妇来到中国。在这里，他们和自己的中国朋友们展开了一段跨国友谊。

  这对美国夫妇的中文名字分别叫费正清（约翰·金·费尔班克）和费慰梅（威尔玛）。当时，他们都是刚刚从大学毕业的学生，因为共同的追求，他们来到北平，并在这里结了婚。

  在北平东城一座漂亮的四合院里，这对来自异国的年轻夫妇过上了老北京人的生活。这里的一切对他们来说都是新奇的，早餐，他们吃的是胡同口的豆浆油条，就连挎篮子吆喝"萝卜赛梨"的小贩，也能引起他们极大的兴趣。

  夫妇俩最爱做的一件事儿莫过于坐上人力拉车，串北平的街道和胡同，那种古老的文化氛围，让他们进入了一个古典的东方梦境。费正清夫妇找了中文老师从头学习中文，神秘的方块字对他们来说有一种别样的魅力。课余时间，他们常去紫禁城或香山的佛教寺庙里考察，驻足于北平的门楼和城墙之上。

  费正清和费慰梅是在结婚后两个月遇见梁思成夫妇的，四个人的友情维系了一生。晚年，费慰梅回忆起他们相识时的感受说：

　　当时他们和我们都不曾想到这个友谊今后会持续多年，但它的头一年就把我们都迷住了。他们很年轻，相互倾慕着，同时又很愿回报我们喜欢和他们做伴的感情。徽（whei）——她为外国的亲密朋友给自己起的短名——是特别的美丽活泼。思成则比较沉稳些。他既有礼貌而又反应敏捷，偶尔还表现出一种古怪的才智，俩人都会两国语言，通晓东西方文化。徽以她滔滔不绝的言语和笑声平衡着她丈夫的拘谨。通过交换美国大学生活的故事，她很快就知道我们夫妇俩都在哈佛念过书，而正清是在牛津大学当研究生时来到北京的。

　　费正清、费慰梅的中文名字就是梁思成夫妇取的。梁思成说："正清乃是象征正直、清朗，又接近 John King 的发音，是个典型的中国名字。"

　　这份上天赐予的新的友谊给林徽因的生活注入了阳光。当时，她和梁思成刚由沈阳迁回北平，开始在中国营造学社的工作。事业还未走上正轨，家务事又琐碎缠身，这让本来性子就急的林徽因心烦意乱。费慰梅怀念这段日子时记叙道：

　　当时，徽因正在经历着她可能是生平第一次操持家务的苦难。并不是她没有仆人，而是她的家人包括小女儿、新生的儿子，以及可能是最麻烦的，一个感情上完全依附于她的、头脑同她的双脚一样被裹得紧紧的妈妈。中国的传统要求她照顾她的妈妈、丈夫和孩子们，……她是被要求担任法律上家庭经理的角色。这些责任要消耗掉她在家里的大部分时间和精力。

费慰梅作为一个来自不同文化环境的女性，对林徽因的感知是深层次的，她在中西方文化的结点上，一下子找到了她的中国朋友全部痛苦的症结，费慰梅说：

林徽因当然是过渡一代的一员，对约定俗成的限制是反抗的。她不仅在英国和美国，而且早年在中国读小学时都是受的西方教育。她在国外过的是大学生的自由生活，在沈阳和思成共同设计的也是这种生活。可是此刻在家里一切都像要使她铩羽而归。

她在书桌或画板前没有一刻安宁，可以不受孩子、仆人或母亲的干扰。她实际上是这十个人的囚犯，他们每件事都要找她做决定。当然这部分是她自己的错。在她关心的各种事情当中，对人和他们的问题的关心是压倒一切的。她讨厌在画建筑草图或者写一首诗的当中被打扰，但是她不仅不抗争，反而把注意力转向解决紧迫的人间问题。

在当时那个新旧更替的时代，林徽因和梁思成都是走在时代前列的，所以，他们也是孤独的。费氏夫妇的出现则让他们在心灵上多了一份相惜与牵念，正如林徽因说："自从你们两人来到我们身边，并向我注入了新的活力和对生活以及总体上对未来的新看法以来，我变得更加年轻、活泼和有朝气了。"

林徽因与费慰梅的感情非常好，她们常常在一起相伴骑马，交流倾谈。当时有名的"太太客厅"，费氏夫妇也是常客。费正清与费慰梅回国后，他们的友谊只能靠书信传达。梁家被战争困在李庄时，生活极端拮据，连信纸都只能用剪开的小纸片，邮费也够一家人生活一阵子。即使是这样，他们的联系也没有中断。

1993 年，费慰梅完成书稿《梁思成和林徽因：一对探索中国建筑史的伴侣》，于 1995 年由宾州大学出版，以纪念二人曾在宾夕法尼亚大学求学的渊源。费慰梅于 2002 年 4 月 4 日逝世，享年九十二岁，与林徽因的忌日只差三天。她的名气虽然不如丈夫费正清大，但她对中国艺术的深深热爱，和中国才女林徽因至死不渝的情谊，写下了中美知识分子交流史上的动人诗篇。

这份能为彼此生命带来温暖和光明的友谊，深埋于时光深处，值得人一辈子怀想。

触动人心最隐晦的暖

　　大抵，每个能称得上诗人的人，一生都能留下让人流泪、微笑，抑或深沉思考的名言佳句，只是，能被我们记住并流传甚广的真是不多。

　　对于林徽因而言，建筑事业是她一生都不能放下的信念，而文字，便成了她对美好情怀的一种寄托和誓约。那些散发着灵韵与情感的诗语，像一首悠然的乐曲，奏响了那1934年的"人间的四月天"。

　　我说你是人间的四月天；
　　笑响点亮了四面风；轻灵
　　在春的光艳中交舞着变。

　　你是四月早天里的云烟，
　　黄昏吹着风的软，星子在
　　无意中闪，细雨点洒在花前。

　　那轻，那娉婷，你是，鲜妍

百花的冠冕你戴着，你是

天真，庄严，你是夜夜的月圆。

雪化后那片鹅黄，你像；新鲜

初放芽的绿，你是；柔嫩喜悦

水光浮动着你梦期待中白莲。

你是一树一树的花开，是燕

在梁间呢喃，——你是爱，是暖，

是希望，你是人间的四月天！

　　初读这首广为人知的《你是人间的四月天——一句爱的赞颂》，以为是林徽因在少女时期写下的，那萌芽的爱与希望，那富有生命力的爱和召唤，仿佛一个眼神清透的女子，心中开出的朵朵喜悦，玲珑通透，引人憧憬和怀想。

　　事实上，这首诗写于林徽因三十岁那年，此时的她，褪去了少女的青涩和浮华，举手投足间流露出一份从容与笃定。这兴许就是三十岁女人独有的魅力吧，有二十岁的浩荡与潇洒，亦有四十岁的静气与智慧，内心波澜起伏，却可以做到气定神闲，笑而不语，仿佛将生命所有的圆满与欠缺，都融在转身之间，那一抹浅浅的默然中。

　　原来，生命还可以这般美好。三十岁的林徽因由康桥之恋里那个懵懂的少女，蜕变成一个娴静优雅的女人，一个妻子，一个母亲，却依然保留了少女的清澈与纯真，让心中的爱与暖，流动于天地之间。

岁月如刀，生生将青春与回忆刻进我们的年华，留下斑驳的年轮。相信每一个静美的女子都有一颗与岁月安然相守的慈心，不为人情冷暖痛哭流涕，不对世态炎凉声嘶力竭，只是甘愿，为自己而动容，不温不火，像一汪盈盈的泉水，在时光里妥帖长存。

有些人，有些事，是她一生无法回避的缘。而她所感念的，就是那些存在，那些生命。它们，丰盈了她一生的记忆。

这一定又是你的手指，

轻弹着，

在这深夜，稠密的悲思。

我不禁频边泛上了红，

静听着，

这深夜里弦子的生动。

一声听从我心底穿过，

忒凄凉

我懂得，但我怎能应和？

生命早描定她的式样，

太薄弱

是人们的美丽的想象。

除非在梦里有这么一天，

你和我

　　同来攀动那根希望的弦。

　　这首《深夜里听到乐声》仿佛是一种感召，又像是一段回忆。在那个静谧的深夜，诗人将自己安置在音符里，用心间的柔软香溢了自己的梦。

　　林徽因的诗，看似静气，却情意款款，总触动人心最隐晦的暖。在这灵韵生动的文字里，她永无怠倦，永无意兴阑珊，真是美不胜收。像她这样聪慧的女子，怕是早已谙熟世间的悲欢离合，所以，纵有飞觞相望的不舍，也丝毫没有停止自己生命的脚步，而是笑着，坚持着，仿如一缕青烟，在空气里弥散开来。

　　我爱这雨后天，

　　这平原的青草一片！

　　我的心没底止的跟着风吹，

　　风吹：

　　吹远了草香，落叶，

　　吹远了一缕云，像烟——

　　像烟。

　　林徽因的每一首诗都与自然和生命息息相关，正因为如此，即使隔着遥远的距离，我们也依然能用她的文字取暖。感知诗意的情怀，感知幸福与希望，感知那锦绣繁华处的寂静与安然。

静谧的世外桃源

　　沈从文先生在《边城》里写："小溪流下去，绕山岨流，约三里便汇入茶峒的大河。人若过溪越小山走去，则只一里路就到了茶峒城边。溪流如弓背，山路如弓弦，故远近有了小小差异。小溪宽约二十丈，河床为大片石头做成。静静的水即或深到一篙不能落底，却依然清澈透明，河中游鱼来去皆可以计数。"

　　这清澈的山水，便是仿如世外桃源般美丽的湘西。

　　1937 年 11 月末，梁家从长沙到昆明，途经沈从文的老家湘西凤凰。早在沈从文的小说里，林徽因已领略过凤凰优美的风光。

　　凤凰城地处湘、川、黔接壤处的山洼，四面环山，处处可见自然造化的神奇，茂密的原始森林是这座石头城的天然屏障。沱江自贵州的铜江东北流入湖南境内，过凤凰城北，在东北向注入湘西著名的武水。

　　沱江江面有一架飞桥，住家的房子在桥西两侧重叠，中间是一道被自然分割出来的青石小街。桥下游的河流拐弯处有一座万寿宫，从桥上就能欣赏到万寿宫塔的倒影。凤凰城以多泉著名，泉水从山岩的缝隙中渗出来，石壁上是人们凿出的壁炉一样的泉井，泉井四周生满了羊齿形状的植物，山岩披上了青翠的纱裙。

此时，沈从文人在武昌，连连写信给林徽因，邀请梁家一行人去自己老家小住几日，并告诉他们，自己的哥哥住在沅陵，沅陵被称为"湘西门户"，是长沙到昆明的汽车的必经之地。林徽因盛情难却，便同梁思成商量，决定路过沅陵时，停留两天看看沈从文笔下的湘西，看看沈从文的家乡和亲人。

沈家大哥的房子盖在小山上，四周溪流淙淙，宛如世外桃源一般。这让林徽因不禁感叹："真是不虚此行，不来湘西，永远认为翠翠那样的人物是虚构的，来了才知道，这里肯定有许多个翠翠。"梁思成戏谑："说不定在沈大哥家就有一个翠翠在等着我们呢。"

在沈大哥家，梁家人受到了热情的款待。佳肴、美酒、清茶……让在战事中奔波周折的他们体味到安定生活的富足与美好。

离开梦一般的沅陵，林徽因在颠簸的汽车上提笔给沈从文写信：

我们真欢喜极了，都又感到太打扰得他们（注：沈从文大哥）有点不过意。虽然，有半天工夫在那楼上廊子上坐着谈天，可是我真感到有无限亲切。沅陵的风景，沅陵的城市，同沅陵的人物，在我们心里是一片很完整的记忆……这次分别，大家都怀着深忧！不知以后事如何？相见在何日？只要有着信心，我们还要再见的呢。无限亲切的感觉，因为我们在你的家乡。

　　当汽车经过贵阳，便来到了举世闻名的黄果树瀑布。

　　远远听见水倾流而下的轰鸣声，大家急不可待地寻着水声的方向而去。只见，一道宽约三十多米的水帘飞旋于万丈峭壁，凭高做浪，发出轰然巨响，跌入深深的犀牛潭。飞瀑跌落处掀起轩然大波，水雾迷蒙中，数道彩虹若隐若现，恍若仙境。

　　立于百丈石崖之下，林徽因出神地凝望着眼前壮美的瀑布，听着轰鸣的仿佛具有生命活力的水声，对梁思成说："思成，我感觉到世界上最强悍的是水，而不是石头，它们在没有路的绝壁上，也会直挺挺地站立起来，从这崖顶义无反顾地纵身跳下去，让石破天惊的瞬间成为永恒，让人能领悟到一种精神的落差。"

　　"你记得爸爸生前跟我们说过的话吗？失望和沮丧，是我们生命上最可怖之敌，我们须终生不许它侵入。人也需要水的这种勇敢和无畏。"梁思成回答道。

　　车子再一次徐徐启动，黄果树瀑布雷奔云泄的声音响彻耳畔。过晋安，下富源，奔曲靖，春城昆明已经遥遥在望。

倔强木棉

是谁说过，人生定要有起有伏方可长久，太过顺畅并非好事。

对于林徽因来说，她的好日子，其实是太短了。

动乱年代，自有它的浪漫热血，那时的知识分子，在国家遭遇变故时挥动犀利的笔刀，拯救民族于水深火热之中。然而，纸上谈兵终究无法避免颠沛流离的奔逃。

1937 年，北平在日寇铁蹄之下已满目疮痍，战火烧到了"太太客厅"门口，但"我们的太太"却没有惊慌失措，她给女儿梁再冰写信，沉着地说：

如果日本人要来占北平，我们都愿意打仗！那时候你就跟着大姑姑那边，我们就守在北平，等到打胜了仗再说。我觉得现在我们做中国人应该要顶勇敢，什么都不怕，什么都顶有决心才好。

林徽因什么都不怕，政府可不这么想。不久之后，林徽因和梁思成听到了守军撤兵的消息。看着满街的太阳旗，一种强烈的耻辱感涌上他们的心头。

有一天，夫妇俩收到署名为"大东亚共荣协会"的请柬，邀请他们参加一个会议，林徽因愤怒地把请柬撕碎了。北平已经在日寇铁蹄之下，他们决定举家南迁。

1937 年的夏末秋初，总布胡同的四合院里仍然像往年那样生机勃勃，矮墙边的指甲花逗引着蜜蜂蝴蝶，粉红色的夹竹桃，也正开得绚烂。丁香花散播着幽幽的香气。院落被浓郁、和平、宁静的芬芳包围着。

但林徽因却和丈夫扶老携幼，带着简单的行李，在 8 月的一个黄昏，匆匆离开了这里，在弥漫的硝烟中向天津出发。

下了北平的火车，眼前的情景比他们想象的还要糟糕。车站里到处是荷枪实弹的日军，天桥上架着机关枪，每一个过往的旅客都受到了严格的盘查。天津，在血与火中颤抖着、呻吟着。

9 月初，梁氏夫妇搭乘一艘英国商船，从天津出发，前往济南，然后南下到达长沙。由于在担惊受怕中疲于奔命，林徽因的母亲何雪媛支撑不住第一个病倒了。就这样，林徽因承担起了烧饭洗衣等所有家务。好在南方暂无战事，他们可以稍微喘口气观望局势，再做打算。

11 月下旬，大批日军轰炸机出现在长沙上空，打破了这里的宁静。那是日军第一次轰炸长沙，四架飞机在长沙上空投弹六枚，死伤三百余人。

在写给好友费慰梅的信中，林徽因描述了这次轰炸：

炸弹就落在距我们的临时住房大门十五码的地方……没人

知道我们怎么没有被炸成碎片。听到地狱般的断裂声和头两响稍远一点的爆炸，我们便往楼下奔，我们的房子随即四分五裂。全然出于本能，我们各抓起一个孩子就往楼梯跑，可还没来得及下楼，离得最近的炸弹就炸了……同时房子开始轧轧乱响，那些到处都是玻璃的门窗、隔扇、屋顶、天花板，全都坍了下来，劈头盖脑地砸向我们。

可怕的空袭越来越多，长沙已经待不下去了。当时，临时大学搬迁到云南昆明，中央研究院等一批研究机构也跟随前往。梁氏夫妇考虑到古建筑研究资料很多时候要依赖于这些研究机构，便也决定前往昆明。

安稳妥帖，于林徽因而言，是美好而令人向往的生活。只是如今，她也在这纷乱颠沛的岁月里，经历了生命的另一种体验。无法和琴棋书画诗酒花相媲美，却让她看见，往昔繁华终归只是梦一场。与其哀怨悲观，不如敞开自己的世界去接受一切，接受苦难带给自己的生命体会，用通达与它交换，将幸福填满。

穿过陡峭的悬崖绝壁和凹凸不平的土路，1938 年 1 月，林徽因一家来到了春城昆明。这是一个繁花似锦的城市，好像每一天都会换上一件新衣裳似的，永远是翠绿中透出新鲜的鹅黄。早春的天空，是玻璃般透明的青色，远山烟雾笼罩，云朵飘飘。

本是个热爱生命的女子，见到这显示着勃勃生机的春天，林徽因自是欢喜不已。在这里，她虽不能像从前在"太太客厅"那样，与知己好友一同品茗坐论天下事，但却享受到了难得清静的时光。对于习惯奔忙的她而言，这清静，好似一种修行。

很快，梁思成和林徽因便在朋友的帮助下找到了居所，就在翠湖巡津街前市长的宅院里。虽说是借住，但毕竟有了一个舒适的落脚之地。

张奚若夫妇与梁家比邻而居。出门不远，便是阮堤。散步时，穿过听莺桥，就能到海心亭去坐坐。

林徽因很喜欢海心亭。作为建筑，它倒是没什么特色，林徽因喜欢的是里面的对联："有亭翼然，占绿水十分之一；何时闲了，与明月对饮而三。"这样清明的字让人见了，内心也会爽朗几分。

从长沙到昆明这一个多月的长途跋涉，让梁思成的脊椎病痛如排山倒海般袭来，即使穿了那件从不离身的铁背心，由于背部肌肉痉挛，他也难以直起身子。疼得最厉害时，梁思成整夜无法入睡。医生诊断说是扁桃体化脓引起的，于是梁思成切除了扁桃体，却引发了牙周炎。

后来，满口的牙也给拔了，梁思成就只能躺在一张帆布床上。他无论如何也没有想到，自己那双灵巧的能画得一手好图的手，竟然只剩下两件事情可做，一是拆旧毛衣，二是补袜子。

家中的顶梁柱倒了，老母亲卧病在床。这个昔日"太太客厅"里优雅的女主人，即使被肺病折磨，也毅然扛起了家的责任。为了赚钱，林徽因给云南大学的学生补习英语，每周六节课，每月可以挣到四十块钱的课时费。每次上课，她都得翻过四个山坡。昆明海拔高，稀薄的空气对林徽因脆弱的肺是个巨大的考验。

人在漂泊无助的时候，总会感到自己力量的薄弱，许多时候，我们无力填平人生的沟渠，就只能任由流水东逝。可总是有人，不愿向岁月低头。

在这清贫的时光里，林徽因常以书为伴，雪莱、拜伦的诗歌支撑着她挨过无数个病痛、孤寂的白天黑夜。那些美丽的字句已经深植于她的内心：

你那百折不挠的灵魂——
天上和人间的暴风雨
怎能摧毁你的果敢和坚忍！
你给了我们有力的教训：
你是一个标记，一个征象，
标志着人的命运和力量；
和你相同，人也有神的一半，
是浊流来自圣洁的源泉。

这是拜伦的诗歌《普罗米修斯》，当林徽因觉得自己的生命快要被困苦和病魔消耗殆尽的时候，她就从这些诗句中汲取力量。就像一个在沙漠中跋涉许久的旅人，终于找到了绿洲和甘泉。

在清苦的环境下，就是这些能慰藉心灵的文字，给了她一片放飞灵魂的天地，让她在这里留下与自然、与生命最虔诚的对话。

　　她不是凌霄花，不是鸟儿，不是源泉，她是一株木棉，坚强勇敢，芳香四溢，永远舞动着生命的旋律。

飞往天堂的战机

在昆明，林徽因多了八个"弟弟"。她和这群"弟弟"的结识也颇具戏剧性。

从长沙前往昆明时，车行至湖南与贵州交界处的晃县，林徽因忽然得了肺炎，高烧不退，梁思成左边扶着虚弱的妻子，右边搀着岳母，还要照应着八岁的女儿和五岁的儿子，忙乱不堪，急需一个小旅馆安顿休整。但他们踏着泥泞走了几条街，也没能找到一个床位。好几班旅客滞留在这里，所有的旅馆都满员了。

林徽因烧到四十摄氏度，直打寒战，走到一间茶馆再也走不动了。但是茶馆老板嫌他们占了他的地方，又怕晦气，连打个地铺都不准，连连赶他们走。梁思成急得一个头两个大，小儿子又困又乏，已经倒在行李上睡着了。

正在梁思成如困兽一样团团转的时候，一阵优雅的小提琴声隐约飘入耳际。梁思成差点以为自己着急得幻听了，在这个偏僻之地，谁会演奏这么高雅的乐器呢？他侧耳细听，这次听清楚了，真的是小提琴的声音！这拉琴的定是来自大城市，受过高等教育的文化人。也许他会发发善心帮他们一把也说不定。

梁思成怀抱着最后的希望，冒雨寻着琴音，贸然敲开了传出琴声的旅馆的房门。优美的演奏戛然而止，梁思成惊讶地看着眼前一群穿着空军学员制服的年轻人，一双双明亮的眼睛流露出疑问的神色。梁思成硬着头皮说明了来意。青年们出乎意料的热情，立刻给他们腾出一个房间。交谈之下，梁思成知道了他们二十来号人是中国空军杭州笕桥航校第七期的学员，在往昆明撤退的途中被阻在晃县，已经好几天了。

等林徽因一家子在昆明安顿下来后，这些意外结识的古道热肠的飞行学员也成了朋友聚会的座上客。而且，作为航空学校第十期学员的林恒也奉命撤往昆明。这些年轻人在昆明都没什么亲戚，热心健谈的林徽因在他们看来就像姐姐一样。他们向她讲德国教官严酷的训练方式，倾诉他们对沦陷区的亲友的思念，分享在西南联大交到女友的快乐。

航校毕业的时间到了，梁思成和林徽因收到了一张请柬。这些学生的家人都在沦陷区，第七期毕业的八名飞行员的家长没有一个在昆明，因此校方邀请两人做他们的名誉家长，参加"孩子们"的毕业典礼。

那一天，夫妇俩早早就到了学校。梁思成坐在主席台上致辞，然后颁发了毕业证书，毕业生们还驾着战机做了飞行表演。林徽因看着这一张张兴奋而又年轻的面孔，默默地祈祷着，祈求战争永远不要带走她的弟弟们，带走这些鲜活的热情的生命。

然而祈祷是没有用的，残酷的战争不会饶过善良的人们。从

1940 年，梁思成和林徽因成为这八名学员的"名誉家长"以来，噩耗就像商量好了似的接踵而至。参加完毕业典礼，作为"家长"的梁氏夫妇等来的不是捷报，而是接二连三的阵亡通知书。

那位在雨夜拉小提琴的男孩叫黄栋全，可以说是林徽因的救命恩人了。他是学员中牺牲较早的一位，阵亡在昆明的战斗中。黄栋全死得特别惨，被击落后，尸体都找不全，梁思成一块骨头一块肉地寻找拼凑尸体。他是名誉家长，学员一牺牲，阵亡通知书就寄到家里去了。一封一封的阵亡通知书压得梁家人喘不过气。他们还未来得及为上一个"孩子"多洒几滴眼泪，后面的死讯又劈了下来。他们的心碎了又碎，直到成为粉末。

除了心碎，更多的是愤怒、屈辱和焦虑。因为，这些年轻的生命根本就是懦弱无能的政府的陪葬品。当时国内的空军装备严重落后，远不能和日本侵略者相抗衡。空军作战使用的主要还是二十世纪的古董，一种帆布蒙皮，敞着驾驶舱的双翼战机，飞行员称这种飞机为"老道格拉斯"，又笨又慢，火力也很弱，和日军的战机性能天差地别。空战中高度是制胜点，日军战机能一下子拉高，"老道格拉斯"就只能一圈一圈往上爬。如果侥幸占了优势而一次俯冲射击不中的话，就很难再有攻击机会，只能等着挨打。可悲的是，即使是这样，一些后勤部门的官员竟然发国难财，盗卖零件汽油，使地勤工作得不到全部保证，飞机经常出现故障。

淞沪抗战爆发以来，中国空军能参战的飞机已经所剩无几，飞行员甚至只能驾驶由民用飞机改装的战机，许多年轻的飞行员还来不及还击，就献出了生命。据说那时候的空军学员由航校毕业到战死，通常寿命只有半年。

林徽因的九个飞行员弟弟中，最后一个牺牲的是林耀（林恒阵亡于 1941 年 3 月）。1944 年的一个黄昏，第九封死亡通知书飞进了林家，林耀在衡阳保卫战中被敌机击落。由于中国军队仓促溃败，他的飞机和遗体都没能找到。一个那么明亮鲜活的生命，就这样消失了，就像从未存在过。林徽因在病榻上翻看着这些孩子的遗照和日记，度过了一个个被泪水浸透的漫漫长夜。

因为林徽因一家和这群飞行员特殊的情谊，每年的"七七事变"纪念日中午十二点，梁思成都要带领全家，在饭桌旁起立默哀三分钟，悼念所有认识和素不相识的抗日英魂。这三分钟是全家最肃穆的时刻。多年后，林徽因的儿子梁从诫数次写文章，专门回忆和悼念这几位飞行员烈士。

乱世中守住清明

时光，浓淡相宜才是最诱人的。遇一人白首，择一城终老，在这个漫长的过程中，我们不如对光阴温柔以待，不挽留不痛惜，把自己练就成过往最动人的风景。如此，便是一番岁月静好，现世安稳。

偏于一隅的春城，终究没能逃过无处不在的战争。1938 年 9 月 28 日，日军第一次轰炸昆明。从那天开始，这个他们原本以为安全的世外桃源，也要裸露在战争的伤口中。

昆明五华山的山顶有一座铁塔，塔上挂一个灯笼，叫预防警报；挂上两个灯笼，叫空袭警报；要是挂上了三个，就是紧急警报了。预防警报一挂出来，马上就得跑。躲警报成了昆明人日常生活的一部分，到最后，大家都对它习以为常了。

最最亲爱的慰梅、正清，我恨不能有一支庞大的秘书队伍，用她们打字机的猛烈敲击声去盖过刺耳的空袭警报，过去一周以来这已经成为每日袭来的交响乐。别担心，慰梅，凡事我们总要表现得尽量平静。每次空袭后，我们总会像专家一样略作评论：

"这个炸弹很一般嘛。"之后我们通常会变得异常活跃，好像是要把刚刚浪费的时间夺回来。你大概能想象到过去一年我的生活的大体内容，日子完全变了模样。我的体重一直在减，作为补偿，我的脾气一直在长，生活无所不能。

日本战机的轰炸越发频繁，昆明的天空失去了往日的宁静。为了保住性命，林徽因一家便只好疏散到昆明郊外各处。

当时，美国有好几所大学和博物馆聘请梁思成与林徽因到美国工作和治疗，梁思成婉言谢绝道："我的祖国正在灾难中，我不能离开她；假如我必须死在刺刀或炸弹下，我要死在祖国的土地上。"

营造学社的几位骨干陆陆续续来到昆明，于是梁思成把大家组织起来，打算恢复工作，考察西南地区的古建筑。就这样，营造学社西南小分队就组建起来了。1938 年 10 月到 11 月，考察队调查了圆通寺、土主庙、建水会馆、东西寺塔等五十多处古建筑，几乎涵盖了昆明的主要古建筑。

为了躲避空袭，梁家和营造学社搬到了昆明市东北十二千米处的龙泉镇龙头村附近的麦地村，借住在一间名为兴国庵的庵堂里。绘图桌与菩萨们共处一殿，只用麻布拉了一道帐子。梁思成和林徽因的家就安在大殿旁一间半泥土铺就的小屋里。由于屋内非常潮湿，他们只能把石灰撒在地上以吸潮气。

1939 年 9 月至 1940 年 2 月，梁思成率领考察队对四川西康地区三十五个县的古建筑进行了野外勘察，发现古建筑、摩崖、崖墓、石刻、汉阙等多达七百三十余处。在这期间，梁思成又为西南联合大学设计了校舍。林徽因身体不好，便留在兴国庵主持日常工作，同时也完成了云南大学女生宿舍"映秋院"的设计。

战争把本就遥遥无期的归期推到了完全看不见的黑暗之中。总在庵堂住也不是办法，梁氏夫妇决定在龙头村北侧棕皮营靠近金汁河埂的一块空地为自己设计建造一座住房。

1940 年春天，在滇南小镇，林徽因和丈夫亲手设计并建造完成了一间八十多平方米的住宅，分别是三间住房和一间厨房。这座小屋背靠高高的堤坝，上面是一排笔直的松树，南风习习地吹拂着，野花散发出清新的香气，一瞬间，大家仿佛又回到了往昔宁静的生活。

为了建造这三间住房，梁家花光了所有的积蓄。为了省钱，他们不得不为争取每一块木板、每一块砖，乃至每根钉子而奋斗，甚至还得亲自运木料，做木工和泥瓦工。尽管如此，这个家也已经到了山穷水尽的地步。还好在此时，费正清、费慰梅夫妇寄来一张给林徽因治病的支票，才算付清了建房欠下的债务。

梁思成于 1940 年在昆明写给费氏夫妇的信中，显示了当时他们所处的窘境：

我们奇缺各种阅读和参考书籍。如果你们能间或从二手书店为我们挑选一些过期的畅销书，老金、端升、徽因、我，还有许多朋友都将无上地感激。我们迫切希望阅读一些从左向右排列的西文书籍，现在手边通通都是从上到下排列的中文古书。我发现，我在给你们写信索要图书时，徽因正在给慰梅写信索要一些旧衣服，看来我们已经实实在在地沦为乞丐了。

不仅仅是梁家陷入绝境，越来越多的难民拥入昆明，人口激增导致昆明的物价节节攀升，昔日生活富足的教授、学者们全都陷入赤贫。

为了糊口，一向清高的梁氏夫妇也不得不加入这场兼职大潮，给有钱人设计私人住宅，却往往得不到应得的报酬。他们也曾不情愿地出席权贵们的宴会，避不开的时候，林徽因必做声明："思成不能酒我不能牌，两人都不能烟。"

人生总要经历波澜才能遇见自我和生命的真相，就像周国平先生说的，灵魂是人的精神"自我"的栖居地，所寻求的是真挚的爱和坚实的信仰。这困苦的生活，是磨炼，是真理，亦是命运的拷问。于梁氏夫妇而言，于乱世中守住自己的清明，那就是欢喜，是幸福。

【人间四月，用生命创造辉煌】

她是美人，是才女。是世人眼中，满满的好。

冰心评价林徽因，"她很美丽，很有才气"；用萧乾先生的夫人文洁若的话来说，就是"天生丽质和超人的才智与后天良好高深的教育相得益彰"。正因为如此，即使青春不再，林徽因举手投足之间的风韵也依旧充满了美感。

人们说，"女子无才便是德"。林徽因却是美貌与才华并举，风华无尽。她是中国第一位，也是最杰出的一位女性建筑家。从设计国徽到设计人民英雄纪念碑，到拯救传统工艺景泰蓝，从保护古城墙到引领京派文学的发展，她始终不遗余力，用生命创造着自己的辉煌，完成一次次升华。

春萌芽，夏绽放，秋丰收，冬凋零。她走完了一世，以最美的光影。

一切都会好起来

我想象我在轻轻的独语：

十一月的小村外是怎样个去处？

是这渺茫江边淡泊的天；

是这映红了的叶子疏疏隔着雾；

是乡愁，是这许多说不出的寂寞；

还是这条独自转折来去的山路？

是村子迷惘了，绕出一丝丝青烟；

是那白沙一片篁竹围着的茅屋？

是枯柴爆烈着灶火的声响，

是童子缩颈落叶林中的歌唱？

是老农随着耕牛，远远过去，

还是那坡边零落在吃草的牛羊？

是什么做成这十一月的心，

十一月的灵魂又是谁的病？

写下这些诗句时，橘红色的阳光正洒在窗前。林徽因用目光追着阳光里那对靛蓝色的小鸟，它们在窗外的竹梢上唱着、跳着，享受着阳光，梳理着轻盈的羽毛。鸟儿有时候会跳上窗台，在这个窄窄的舞台上展示自己的身姿和舞步。这时候，孩子们在窗外奔跑着、欢笑着，他们的快乐很简单，一朵野花、一只蝴蝶、一只田螺或是拇指大的棒棒鸟，都能被当作乐趣，让他们开怀不已。

只是眼下，对于这简单微小的快乐，林徽因也只能暗自羡慕。她的身体日渐虚弱，每天只能躺在床上，见阳光洒向窗棂，涂抹着晨昏。

1940 年年底，营造学社迁往更偏僻的四川李庄。

用梁思成的话说，这次迁徙"真是令人沮丧，它意味着我们将要和一群有着十几年交情的朋友分离，去到一个远离大城市的全然陌生的地方"。李庄位于宜宾市城区东郊长江下游十九千米的南岸，被梁思成称为"谁都难以到达的可诅咒的小镇"。因为营造学社经费严重缺乏，梁思成不得不暂时先同妻子分开，去重庆的教育部申请一些补贴，然后再到李庄。

在营造学社同人的帮助下，林徽因一家在李庄镇外的上坝村一间平砖房安顿下来。数年颠沛流离的逃亡生活，让林徽因的肺病越发严重。除了静养，亦无其他治愈的法子。

树欲静而风不止。寒冬腊月，南国的清霜打湿了归人的心，同时，也再次摧垮了林徽因虚弱的身体。在这样艰苦的环境下，最令林徽因苦恼的，便是要付出大量的精力来操持家务。

在 1936 年写给费慰梅的信中，林徽因曾这样描述自己当时的生活：

当我在做那些家务琐事的时候，总是觉得很悲哀，因为我冷落了某个地方某些我虽不认识，对于我却更有意义和重要的人们。这样我总是匆匆干完手头的活，以便回去同别人"谈话"，并常常因为手上的活老干不完，或老是不断增加而变得很不耐烦。这样我就总是不善于家务，因为我总是心不在焉，心里诅咒手头的活（尽管我也可以从中取乐并且干得非常出色）。

曾经优雅的"林小姐"被清贫的岁月磨掉了棱角，变得愈加柔软。面对满目疮痍的生活，她与生俱来的那股子倔强与坚韧，终究还是派上了用场。外面的世界兵荒马乱，这个韧性十足的女子却执意守着自己的清贫，等待一片生机盎然的绿。那是长途跋涉的迁徙后，内心的安魂之地。

"行至水穷处，坐看云起时"，零落红尘，我们抵达的每一处风景，都将是一次人生的修行。岁月变更，曾经动荡不安的世事，终究要幻化成流水尘烟，停泊在记忆的彼岸。唯有经历的痛苦能化作生命的养分，在下一段岁月里，滋养我们的心。

林徽因曾在生病时给丈夫写信，盼他早归。但直到 1941 年 4 月 14 日，梁思成才赶回李庄。见到面容憔悴的妻子，他心里愧疚万分，当即给费正清夫妇去了一封信：

直到 4 月 14 日我才从重庆抵达李庄，发现徽因病得比信中告诉我的要严重许多。家徒四壁，混乱不堪，徽因数月病重在床令我十分痛心……听到文章被《国家地理》杂志拒绝很难受。不否认给他们投稿的目的是为了挣一些额外的报酬。在通货膨胀中，一些外币的确可以让人略有安全感。你们先后寄来的两张支票简直是天外礼物，如此真挚情谊，我们心存感念，无以言表。支票已被收藏起来作为应急之用。

此时，营造学社的经费几近枯竭，成员的薪水也失去了保障。梁氏夫妇的生活也越发拮据，即使将衣物、珍贵的钢笔和手表典当出去，仍旧无法改变饥寒交迫的现状。

病情稍微有点好转的苗头，林徽因就闲不住了。白天她拖着瘦弱的病身上街打油买醋，晚上就在灯下给丈夫和孩子们缝补几乎不能再补的衣物。孩子们冬天也只有布鞋可穿，其他季节都是打赤脚，至多穿上草鞋。南瓜、茄子、豇豆成了全家人的主食。

后来，同在李庄的傅斯年实在看不下去，便悄悄写信给教育部部长朱家骅和经济部部长翁文灏，恳请对梁家给予救济。理由是梁思成的父亲梁启超"于中国新教育及青年之爱国思想上大有影响启明之作用"，"思成之研究中国建筑，并世无匹"，林徽因"今之女学士，才学至少在谢冰心辈之上"。得知傅斯年出手相帮后，林徽因特别写信表达感激之情："尤其是关于我的地方，一言之誉可使我疚心疾首，夙夜愁痛。"

内心丰盈的人，靠的不是锦衣玉食的生活，而是如水晶一般的心。即使生活暗淡无光，她依然可以通过自己，照见未来。

慢慢地，梁家的生活有了改善。林徽因总算能从家务事中解脱出来，接近于静养。

窗子外面的景色重新焕发出生机，棒棒鸟仍是窗台上的常客，它们洞悉了所有季节的秘密。阳光透过窗子，把林徽因纸上的诗句都染成了充满生命力的橘红色：

山坳子叫我立住的仅是一面黄土墙；
下午透过云霾那点子太阳！
一棵野藤绊住一角老墙头，
斜睨两根青石架起的大门，
倒在路旁无论我坐着，我又走开，
我都一样心跳；我的心前
虽然烦乱，总像绕着许多云彩，
但寂寂一湾水田，这几处荒坟，
它们永说不清谁是这一切主宰
我折一根柱枝，看下午最长的日影
要等待十一月的回答微风中吹来。

一切都会好起来。

春城的美好时光

身处乱世，每一次离别都会被当作人生的诀别，从此，茫茫人海，再不相见。因此，对于林徽因来说，能重返昆明，与昔日的老友们相聚畅谈，该是人生怎样的一件幸事。

五年来，她头一次离开李庄，还是因为营造学社培养建设人才的需要。在细雨霏霏的日子，林徽因随丈夫携一家人前往重庆。在重庆，因体力不支，她大部分时间都待在中央研究院的招待所里。有时，费慰梅会开着吉普车带林徽因去城里，有时，他们也会在费氏夫妇安顿下来的家里小聚。

当生活稍显宽裕时，梁思成为妻子找了一家医疗条件较好的教会医院，进行了全面彻底的身体检查。然而，检查结果并不乐观，林徽因的肺病已经到了晚期。

这时，梁家远在昆明的朋友邀请他们去昆明小住。金岳霖还特意在张奚若家附近找了一处房子，房子的窗户很大，外面是一个豪华的大花园，有几棵参天的桉树，婆娑的枝条随风摇曳，散发阵阵芳香。

林徽因一到昆明就病倒了。但是，与朋友相聚的喜悦压倒了一切。

长期分离之后，张奚若、金岳霖和钱端升夫妇这一群老友又围绕在她身边，谈论没完没了的话题。彼此的情感状况、学术近况、国家情势、家庭经济，还有战争中沉浮的人物和团体，这让所有人都有劫后余生的感慨。仿佛昔日"太太客厅"里的文艺沙龙重现。

在给费慰梅的信中，林徽因写道：

我们都老了，都有过贫病交加的经历，忍受了漫长的战争和音信的隔绝，现在又面对着伟大的民族奋起和艰难的未来。此外，我们是在远离故土，在一个因形势所迫而不得不住下来的地方相聚的。渴望回到我们曾度过一生中最快乐的时光的地方，就如同唐朝人思念长安、宋朝人思念汴京一样。

春城气候宜人，但高海拔地区对林徽因的呼吸和脉搏亦有不良影响。白天，大家在一起谈论哲学、诗歌、建筑、散文，交谈甚欢，夜里，林徽因咳嗽不止，不停地喝水吃药。尽管日夜都经历着病痛的折磨，但她的心却如轻纱一般空灵、释然。

我们遍体鳞伤，经过惨痛的煎熬，我们身上出现了或好或坏或别的什么新品质。我们不仅体验了生活，也受到了艰辛生活的考验。我们的身体受到严重损伤，但我们的信念如故。现在我们深信，生活中的苦与乐其实是一回事。

正如林徽因在给友人的信中所言，身体虽然受到了严重损伤，但信念如故。如此，便可心宽。

在这日复一日的景致里，林徽因最爱的，还是那云南的彩云。彩云的可爱之处并非因为它的模样多变，也不在于它的洁净，而是它即使远在天边，却仿佛触手可及。夜晚来临，月亮挂在树梢，彩云依旧追赶，这让林徽因相信，彩云是有生命的，是那多情的姑娘精魂的化身。

这里也时常下雨，但不是李庄那种混合着煤矿烟尘的酸雨。昆明的雨不染纤尘，带着繁花和青草的气息，偶尔，也会有泥土发酵的味道。就像林徽因的脾气，来得快去得也快，骨子里终是一片洁净。

在给费慰梅的信中，林徽因讲述了住在昆明这"梦幻别墅"的感受：

昆明永远那样美，不论是晴天还是下雨。我窗外的景色在雷雨前后显得特别动人。在雨中，房间里有一种难以言状的浪漫氛围——天空和大地突然一起暗了下来，一个人在一个外面有个寂静的大花园的冷清的屋子里。这是一个人一生也忘不了的。

人的一生，要寻遍多少风景，才能回头看见彼岸？那锦绣繁华是景，那荒草凄凄是景，那清贫日子里的苦中作乐亦是景。

真是优雅如诗的女子，在清苦的岁月，还能将心情打点得如此淡然，清澈，不慌不忙。

清华建筑系的创办

"可是，我真爱北平。这个爱几乎是要说而说不出的。我爱我的母亲。怎样爱？我说不出……言语是不够表现我的心情的，只有独自微笑或落泪才足以把内心揭露在外面一些来。我之爱北平也近乎这个……我所爱的北平不是枝枝节节的一些什么，而是整个儿与我的心灵相粘合的一段历史。"在散文《想北平》里，老舍先生写下了自己对北平的爱。这爱，真切深沉，像一个阔别母亲多年的孩子在静静诉说，诉说自己的不舍与怀念。

林徽因的故乡在江南，她却对北平有着难以割舍的情怀。从豆蔻年华的少女到为人妻母，她在这里留下了太多的故事与回忆。

1946 年 7 月底，梁家结束九年的流亡生活，回到北平。八年战乱，让这座古城透露着劫后余生的荒凉。她不是不曾想过，昔日的故园早已物是人非，只是，果真当这一日来临时，她还是被心底那隐隐的伤痛击中了。"国破山河在，城春草木深"，这伤疤，在北平，也在她心里。

北返后，清华大学开设了建筑系，梁思成是第一任系主任。于是，林徽因一家搬进了清华园的教授楼，新林院八号。匆匆组建的建筑系刚刚安顿下来，梁思成就赴美，考察战后的美国建筑教育，同时应耶鲁大学的聘请讲学一年，教授中国建筑艺术。

梁思成临出发去美国前，交代系里的年轻教师，有事情可以找林徽因商量。于是，开办新系的许多工作暂时就落在了她这个没有任何名分的病人身上。建筑系刚成立，图书馆的资料不多，林徽因就把家中藏书推荐给年轻教师，任他们挑选借阅。除此之外，她还同青年教师们建立了亲密的同事情谊，大家在一起畅谈文学和艺术，各抒己见，好不热闹。

回忆这段往事时，梁再冰说："当时我妈把全部心血拿出来，帮吴先生把建筑系搞起来，从桌椅板凳、行政工作，一直到课程的设置，甚至第一次学生怎么上课，全部都参加，真是花尽心血。但是当时她既不是清华的教授，也不是清华的职员，什么都不是，也不领任何工资。"用林徽因当年的同事吴良镛的话，便是："她躺在病床上，把一个系从无到有地办起来。"

当时，清华校方为了让林徽因能静心养病，在她的住宅外面竖了一块木牌：这里有位病人，遵医嘱需要静养，过往行人请勿喧哗。来访的学生，都以为自己将看到一个精神萎靡的中年女子恹恹地靠在床上待客，没想到，这位林先生身体瘦弱，却神采飞扬。她滔滔不绝地谈论着文学、艺术、建筑，融会贯通，妙语连珠。谈到兴奋处，林徽因自己都忘了，她是一个被医生判了死刑的重病患者。

时人说林徽因，有一身傲然的风骨，即使疾病缠身，也从不甘于平淡，虚度光阴。这纷繁绮丽的世事，化作她生命里的浓墨重彩，渲染成一幅浓淡相宜的泼墨山水，自是美不胜收。

人在世间行走，都想清幽度过一世，只是，有多少凛冽的风要将你吹落尘埃，让你在漫长的黑夜里，将苦难走尽。不久，林徽因因肺病晚期住进了中央医院。这个白色的世界，好像有禁锢生命能量的能力，没有流动，没有亢奋，只有白得刺目的安静煎熬着灵魂。

正是在这个时期，林徽因写下了《恶劣的心绪》：

我病中，这样缠住忧虑和烦扰，
好像西北冷风，从沙漠荒原吹起，
逐步吹入黄昏街头巷尾的垃圾堆；
在霉腐的琐屑里寻讨安慰，
自己在万物消耗以后的残骸中惊骇，
又一点一点给别人扬起可怕的尘埃！
……

我希望：风停了；今晚情绪能像一场小雪，
沉默的白色轻轻降落地上；
雪花每片对自己和他人都带一星耐性的仁慈，
一层一层把恶劣残破和痛苦的一起掩藏；
在美丽明早的晨光下，焦心暂不必再有，——
绝望要来时，索性是雪后残酷的寒流！

恶劣心绪的时刻缠绕，让林徽因以为，自己的生命就要走到尽头了。

生命是一个圆，从一点出发，终要回到那个点上，谁都无法违抗这种引力。贫穷，饥饿，病痛……仿佛生活里所有的苦难都曾对她不留情面，若非秉性坚韧，怕是早已夭折了信念，失掉了倔强。

病中气韵

在西方，肺结核被视为"一种浪漫化最彻底的疾病"。无论是浪漫多情的诗人拜伦、济慈，还是忧郁孤僻的作家卡夫卡，抑或是天资聪颖的"钢琴诗人"肖邦，无一不是被肺结核侵蚀了健康。而在中国，与他们同病相怜的，还有《红楼梦》里的林黛玉。仿佛，这种病有一种与生俱来的"优雅"与"多情"，成了神秘而富有美感的"艺术家之病"。

对于林徽因来说，这恼人的肺病并没有摧垮她的意志，反倒让她有了别样的风韵。初见这位病恹恹的美人，林洙说："我承认，一个人瘦到她那样很难说是美人，但是即使到现在我仍旧认为，她是我一生中见到的最美、最有风度的女子。"当时的林徽因，大概也如林黛玉那般，弱柳扶风，凄美哀婉。只是，那骨子里的柔情与优雅，让她在疾病的衬托下有了超凡的气质，闪耀着灵动的光彩。

终于懂得，为什么人人都说她美。那美，无关容颜，无关华服，是一种内心的气韵。没有恶俗的浊气，只是盈满暗香。

1947 年 10 月 4 日，林徽因在写给费慰梅的信上故作轻松地安慰她：

我应当告诉你我为什么到医院来。别紧张。我只是来做个全面体检。做一点小修小补——用我们建筑术语来说，也许只是补几处漏顶和装几扇纱窗。昨天下午，一整队实习和住院大夫来彻底检查我的病历，就像研究两次大战史一样……同时许多事情也在着手进行，看看都是些什么地方出了毛病；用上了所有的现代手段和技术知识。如果结核菌现在不合作，它早晚也得合作。这就是其逻辑。

生命里，该来的定会如约而至。12月，手术前一天，林徽因为了以防万一，给费慰梅写了诀别信："再见，最亲爱的慰梅。要是你能突然闯进我的房间，带来一盆花和一大串废话和笑声该有多好。"

而那首手术前创作的诗歌《写给我的大姊》，更似遗言：

当我去了，还有没说完的话，
好像客人去后杯里留下的茶；
说的时候，同喝的机会，都已错过，
主客黯然，可不必再去惋惜它。
如果有点感伤，你把脸掉向窗外，
落日将尽时，西天上，总还留有晚霞。
……

　　手术前，林徽因对梁思成绽出一个安静的笑颜，然后被缓缓推进手术室。她将在这里，等待命运的揭晓。

　　躺在无影灯下，林徽因仿佛看到命运被拖长的影子。她渐渐觉得，自己在向一个遥远的、陌生的地方走去，沿着一条隧道进入洞穴，四周是盘古初开一样的混沌。不知过了多久，她隐隐听到了金属器皿的碰撞声。

　　生命的奇迹又一次回到林徽因身上。手术很顺利，但由于病人身体虚弱，所以刀口愈合得很慢。

　　与死神擦肩而过，让林徽因仿若凤凰涅槃。在梁思成的精心照料下，她又恢复了从前那股子热烈劲儿。梁思成给费正清夫妇的信上说：

　　肾脏切除之后，徽因身体状况有极大改善，有时夜间能连续睡上四个小时了。睡眠改善后，她的精神状态明显恢复，但是对于作为护士的我可不是什么好事，她又开始诗性大作了……

　　几日之内，林徽因就写下十六首诗歌，并发表在当时北平的各大刊物上。她终究还是将文字捡拾了起来，仿佛这样，她的心才不会荒芜枯竭，灵魂才得以飞翔。

　　太过圆满的，就不是人生。没有体味过生活的清苦，没有感受过生离死别的绝望，便也不会懂得拿捏生命的平衡，不知这世间，原来处处是景。人生渺渺如烟，她却从不赋予伤悲以凉意，而是温柔以待。

光明的道路，正从生命的一端铺展而来。

国徽的诞生

对于自己热爱的建筑事业，林徽因往往有着别样的专注。她将自己诗人的美感与想象融进科学严谨的治学态度中，完成了一件又一件集艺术与科学于一体的精美设计。

1949 年 7 月，梁思成和林徽因领导了清华大学国徽设计组的工作。从此，林徽因的生活就像上紧了发条的钟，每一天都以分钟计算。这个女子生来就倔强好强，从不轻言失败，更不会因为身体不适而放下手头的工作，辜负众人的期盼。自从学习建筑以来，林徽因就被它技术与美的完美结合所深深打动，并立志要用自己对艺术的感悟，来挖掘建筑里独特的"美"。

国徽设计对林徽因来说，是一件神圣且尊荣的事情，当下，没有任何事情能阻挡她拼尽全力。即使身体抱恙，她也拖着病体，默默忍耐。此时的她，仿佛一叶轻舸驶出江河，不愿屈服于命运的摆布，而是要用自己的力量向远方行驶，开创辉煌。

然而，不是所有的成功都会一帆风顺。历经两个多月的辛苦努力，清华送审的第一稿因为方案体现"政权特征"不足而没有通过。当得知审查小组希望在国徽图案中出现天安门的图案时，林徽因立刻派人去画天安门的透视图，并从营造学社那里找出测绘天安门建筑的图纸，分别是有百分之一比例和二百分之一比例的天安门立面、平面、剖面图。

在这次的设计中，林徽因始终主张放弃多色彩的图案结构，选择将中国人民千百年来喜爱的金、红两色作为国徽的基本色，这样，既富丽庄严，又醒目大方，象征了中华民族的气势。

在那段忙碌的日子里，林徽因家中几乎成了一个国徽的作坊。满地都是资料和图纸，还有各个国家的国徽，以及小组每次讨论后留下的草图，几乎没有下脚之处。拖着病弱的身体，她辗转于满地的创意和图纸之间，累得实在支撑不住，就回到床上休息一下，起来再接着画。

经过三个多月的日夜奋战，清华小组的设计方案最终以庄严肃穆、独具气魄而胜出。消息传来时，林徽因已卧床静养了数日。这样的荣耀于她而言，是太过珍贵了。曾经颠沛流离的隐忍与寂寥，曾经无可寄托的理想与信仰，曾经不服输的坚韧与倔强，如今都已给了她的人生另一种想象。一支画笔，一页草图，一首诗歌，她为那个时代和文化留下了一个完美的背影，在旧时光里，摇曳生姿。

1950 年 6 月 23 日，全国政协第一届第二次会议在中南海怀仁堂召开，林徽因被特邀出席会议。会议上，新政权要正式确定中华人民共和国国徽。在毛泽东的提议下，全体代表起立，以鼓掌的方式通过了由梁思成、林徽因主持设计的国徽图案。同年，林徽因被任命为北京市都市计划委员会委员兼工程师。

　　这一年，是林徽因一生中最绚烂的一笔。她的努力与付出，不为财富，不为名利，不为荣耀，只是为了对得起热爱的祖国和钟爱的事业。

　　对于母亲在建筑方面的成就，梁从诫说："母亲在测量、绘图和系统整理资料方面的基本功不如父亲，但在融合材料方面却充满了灵感，常会从别人所不注意的地方独见精彩，发表极高明的议论。那时期，父亲的论文和调查报告大多经过她的加工润色。父亲后来常常对我们说，他文章的'眼睛'大半是母亲给'点'上去的。"

　　林徽因有美学的修养，还兼具科学家的缜密，她总能赋予那些没有血肉的设计方案和建筑躯体以灵性，创造一种"建筑意"。这就是她对事业的追求，以一种近乎神圣的使命感，完成自我的实现。

灵魂丰碑

　　容貌之美并不足以长驻，坚持梦想，并不断探索奋进的姿态，才是真正经得起岁月敲打的美丽。能稳妥地保持宁静，也能以一个人的行动影响周遭的生命与环境，这样的存在，柔软温厚，让人怀念。

　　1949 年 9 月 30 日，人民英雄纪念碑破土奠基，直到 1958 年 4 月建成，耗时近 9 年。从 1952 年梁思成和雕塑家刘开渠主持纪念碑设计开始，林徽因便被任命为人民英雄纪念碑建筑委员会委员，参加纪念碑的设计工作。此时，她已经病得不能下床，索性在起居室里安放两张绘图桌，以方便工作。

　　林徽因此时主要承担的工作是纪念碑须弥座浮雕的设计。亲朋好友都劝她放下手中的工作，静心养病，但是，这具瘦小的身体里却迸发出强烈的光和热，以充沛的能量迎接新的挑战。从总平面规划到装饰图案纹样，她一张一张认真推敲，反复研究。每绘一个图样，她都要逐级放大，从小比例尺全图直到大样，并在每张图上绘出人形，保证正确的尺度。在风格上，她则主张以唐代风格为蓝本进行设计。

　　林徽因对世界各地的花草图案进行反复对照研究，描绘出成百上千种花卉图案。枕头边上，床头桌上，书桌前，沙发上，到处都是一沓沓图纸。她的助手关肇邺，如今的清华大学建筑学院教授，回忆起当年的情景时说：

　　林先生更是重病在床，不能持笔，所以需要一个人帮助绘图和跑腿。组织上选我去做这件事，这是一段近两个月的工作。在梁家客厅，支起了一台简易的绘图桌，隔壁便是林先生的卧室，很便于随时把图拿进去给她审看修改。

　　……她的学识极广，谈论问题总是旁征博引而且富有激情。对于设计的评论，她的眼光总是敏锐而语言总是坦率的、一针见血而又幽默生动的。

　　在成百上千种图案中，林徽因最终选定以橄榄枝为主题的花环图案。在选用装饰花环的花卉品种上，她和梁思成最终选定了牡丹、荷花和菊花三种，象征高贵、纯洁和坚韧的品格精神。

　　须弥座正面设计为一主两从三个花环，侧面为一个花环。同基座的浮雕相互照应，运用中国传统的纪念性符号，如同一组上行的音阶，把英雄的乐章推向高潮。须弥座的精致莲瓣，圣洁静美，在纷乱的尘世里悄然绽放。那是一种别样的美，沉静幽然，就像林徽因本身。

　　大家都知道，她是"康桥之恋"的女主角，风华绝代，才情斐然，却鲜有人关注她在建筑事业上的造诣与贡献，还有她背后付出的超于常人的辛苦。往事如烟，旧日的深情已与回忆同眠，而那些经她设计的建筑图案和艺术作品，却随着时间的打磨，越发流光溢彩。

在林徽因生命的最后几年光阴里，她把重心放在了对即将失传的北京景泰蓝传统工艺品的拯救和保护上。

景泰蓝距今已有五六百年的历史，是一种以金银铜等多种天然矿物质为材料，集美术、雕刻、镶嵌、冶炼等技术为一体的传统手工艺。景泰蓝造型典雅，做工细腻，色彩庄重清雅，具有鲜明的民族风格。但是，因为几百年来作坊式的操作和单调乏味的图案，它面临着快要停产失传的危险。

为了能让景泰蓝起死回生，林徽因发动大家为它设计新的图案。此时，她的身体越发虚弱，不能亲自动笔，便由助手莫宗江完成她的创作构想。她就像虔诚的教徒一般，对这项工作投入了全部的心力和热情。

清雅的幽蓝，如同一朵纯真的兰花，在时光幽暗处翘首张望，等待一场前世今生的相遇。林徽因来了。她走进了这精巧别致的传统工艺，并用自己一双纤弱的巧手，赋予了它新生。难怪人们说，林徽因与景泰蓝有着"生死情缘"，是她，用自己生命里的璀璨，为中国景泰蓝文化发展史增补了美丽的注解。

1953年，第二届中国文学艺术工作者代表大会召开，林徽因因为拯救景泰蓝艺术的成果被邀请参加。

　　会议当天，林徽因看见坐在会场后面的萧乾，便远远冲他招手。此时，昔日"太太客厅"的女主人已年近半百，青春不再，但萧乾仍像从前那样，轻声唤她"林小姐"。

　　好一声"林小姐"，仿佛，四季从未流转，她也从未改变。

古城保卫战

　　"灵魂选择自己的伴侣。然后，把门紧闭。她神圣的决定，不容干预。"这是美国女诗人狄金森在《灵魂选择自己的伴侣》里写下的诗句。人的一生，贵在寻找心里的光，如若遇见，便一身雪亮。

　　那是灵魂的自由与完整，有如天神。

　　1953 年完成景泰蓝抢救工作之后，林徽因的身子彻底垮了下来。她生命的能量仿佛彻底耗尽了。每到寒冬，她的病情就愈加严重，药物已不能奏效，只能保持居室的温度稳定。即使是一场感冒，对林徽因也是致命的。每到秋天，梁思成就要用牛皮纸把林徽因居室的墙壁和天花板全都糊起来，几个火炉也早早地点上。

　　10 月，中国建筑学会成立，梁思成被推举为副理事长，林徽因被选为理事。他们还同时兼任建筑研究委员会委员。而此时，北京城兴起了"拆城墙"运动。

　　这是梁思成和林徽因做梦也没想到的。他们深深爱着这座高贵沧桑的城市，从金碧辉煌的宫殿到气势巍峨的城墙城门，从和平宁静的四合院到建筑群落上开阔的天际线。这些固有的风貌，是北京古城的精魂，是无论如何也不能拆毁的。

很快，林徽因和梁思成投入到保卫古城的"战役"中，他们提出了"城市立体公园"的构想，即城墙上可以修建花池，栽种植物，供市民登高、乘凉；城墙角楼等可以辟为陈列馆、阅览室、茶点铺。因为这个构想，他们被划为"城墙派"。

但北京市委领导认为，城墙是古代的防御工事，是封建帝王为镇压农民起义而修建的，乃是封建帝王统治的遗迹，必须拆除。

1953 年 5 月，对古建筑的大规模拆除开始在北京蔓延。梁思成和林徽因，为北京城的城墙疲于奔命。林徽因在肺病越来越严重的时候，仍然没有放弃为古建筑争得一席之地，并在与时任北京市副市长吴晗争论时大声谴责：

你们真把古董给拆了，将来要后悔的！即使再把它恢复起来，充其量也只是假古董！

一语成谶。

同年 7 月，因街上的牌楼引发了一起严重的交通事故，北京相关部门同意拆除交民巷的两座牌楼。当时，北京正急于建成一个新型城市，古建筑的存在严重影响了城市新区的开发。

对此，林徽因的态度仍然十分明确："保护文物和新建筑是统一的……北京的九个城门是对称的，一旦破坏，便不是本来的基础了。"

林徽因对于古建筑的情感是非常深厚的，正如梁从诫说的："母亲爱文学，但只是一种业余爱好，往往是灵感来时才欣然命笔，更不会去'为赋新词强说愁'。然而，对于古建筑，她却和父亲一样，一开始就是当作一种近乎神圣的事业来献身的。"

"在她已经病得几乎走不动的时候，还能有那么大的勇气去做这件事，唯一的解释就是她的社会责任感及历史责任感在支持着她，她认为自己不可能做对不起民族及子孙后代的事。"对于林徽因重病时仍为北京老城墙一事奔波的行为，梁思成回忆说。

总有预言会被印证。2004 年，北京城为恢复古都风貌，重建位于中轴线上的永定门城楼。古建筑拆而复建，也许正如林徽因说的："充其量也只是假古董！"

她是烈性的女子，对自己的信仰从来不会妥协。即使处境孤绝，她也依然持守自己的原则，从不向命运低头。"当作一种近乎神圣的事业来献身"，这句话，已注定了担荷。

她走的路，令旁人望尘莫及。

京派文学的精神领袖

　　如果说，建筑被林徽因视为"神圣的事业"，那么，文学创作则是她的灵性使然。作为一名建筑学家，林徽因也许无意在文学领域做出多大成绩，但是她过人的艺术涵养和文学天赋，以及机敏的思维和言辞，使其成为"京派文学的精神领袖"。

　　"京派文学"是 20 世纪 30 年代中期北平的一个文学流派，它由活跃在北平和天津等北方城市的自由主义作家群组成。这些人大多是北平的教授和大学生，有的已经是享誉文坛的名家，有的是刚刚起步的明日之星。而林徽因似乎介于两者之间，比新秀有些资格，比起名家，又少了些像样的建树。

　　现在普遍认为，沈从文是京派作家第一人，他使小说诗化、散文化，现实主义而又带有浪漫主义气息。但按照萧乾的说法，京派初期的"盟主"是周作人，但周作人的前辈身份和消极思想已经与年轻一代的文人产生代沟。林徽因的文学素养不俗，人也生得美丽，又善言谈，自然而然成了"当时京派的一股凝结力量"。

　　这一时期，林徽因在《新月》、《大公报》文艺副刊、《文学》和《文学杂志》上发表了许多诗歌、小说、戏剧和文艺评论，同时还积极扶植新人，选编集结，设计封面，为发展"京派文学"做了不少贡献。

1936 年 9 月，在上海筹办《大公报》上海版的萧乾回到北平，为纪念《大公报》文艺副刊接办十周年，举办了全国性文艺作品征文。林徽因选编的《大公报文艺丛刊小说选》这个时候到了最后审定阶段。

这部小说选是林徽因受萧乾之托编辑的。萧乾到《大公报》之后，林徽因一直是他的热情支持者，每个月萧乾回到北平，总要在"来今雨轩"举行茶会，邀来一二十个朋友，一边聊天，一边品茶，谈文学，谈人生，萧乾的许多稿子都是在这样的茶会上征得的。林徽因每请必到，每到必有一番宏论，语惊四座，成为茶会上令人注目的人物。萧乾早就钦佩林徽因的艺术鉴赏能力，在这年春天就把这件事委托给了她。

《大公报文艺丛刊小说选》编选了三十篇作品，林徽因为作品集写了序。在这篇序言中，她不仅概述了对入选作品的看法，而且直接阐述了她的文学观点：

作品最主要处是诚实。诚实的重要还在题材的新鲜、结构的完整、文字的流丽之上。即是作品需诚实于作者客观所明了，主观所体验的生活……所以一个作者，在运用文字的技术学问外，必须是能立在任何生活上面，能在主观与客观之间，感觉和了解之间，理智上进退有余，情感上横溢奔放，记忆与幻想交错相辅，到了真即是假、假即是真的程度，他的笔下才现着活力真诚。他的作品才会充实伟大，不受题材或文字的影响，而能持久普遍地动人。

小说集出版后，受到读者的欢迎，很快售罄。于林徽因而言，文学创作终究只是她的爱好，不能算作事业。但是，对于自己编辑的文学作品能得到这样良好的反馈，她终究还是感觉欣喜与欣慰的。建筑寄托了她对艺术的想象，而文字，则是她在另一个世界里，诗意的栖居。

林徽因一生留下的文学作品字数总共不过十万，却"篇篇珠玉"，堪称绝佳之作。她的写作，是生命激情的迸发，是心坎里流露出的深情，无论悲喜，字字关情。

不久之后，林徽因还与梁思成合作，为《大公报》文艺副刊设计了若干幅插图。其中一幅叫"犄角"的插图，是他们在北戴河冒着暑热赶制出来的。林徽因附信说："现在图案是画好了，十之八九是思成的手笔。在选材及布局上，我们轮流草稿讨论。说来惭愧，小小的一张东西，我们竟做了三天才算成功。好在趣味还好，并且是汉刻，纯粹中国创造艺术的最高造诣，用来对于创作前途有点吉利。"

萧乾接到插图非常高兴，在使用时还特意加了评语，说这幅"美丽的图案""壮丽典雅"，是这期副刊"精彩的犄角"！

梁从诚在《倏忽人间四月天——回忆我的母亲林徽因》一文中说：

母亲文学活动的另一特点，是热心于扶植比她更年轻的新人。她参加了几个文学刊物或副刊的编辑工作，总是尽量为青年人发表作品提供机会；她还热衷于同他们交谈，鼓励他们创作。她为之铺过路的青年中，有些人后来成了著名作家。关于这些，认识她的文学前辈们大概还能记得。

林徽因诗歌写得好，散文、小说、戏剧、杂评的水准也颇为不俗，赢得了北平作家们的钦佩和喜爱。她经常发表关于文学的精辟见解，语惊四座。所以萧乾说："她又写、又编、又评、又鼓励大家。我甚至觉得她是京派的灵魂。"

她就像浩瀚苍穹里一颗明亮的星星，锋芒耀眼，出类拔萃，总能给身边的人带去美的享受和益处。

她对生命，永远那样认真。

浮动着生命气息的旋律

　　林徽因的诗，有一种东方的典雅之美，平静自然，潇洒流畅，就像她的为人，从不矫揉造作，永远追求内心与外表的和谐统一。这种没有伪态的自然与朴素，贯注了她文学创作的始终。

像个灵魂失落在街边，
我望着十月天上十月的脸，
我向雾里黑影上涂热情
悄悄的看一团流动的月圆。

我也看人流着流着过去，来回
黑影中冲着波浪翻星点
我数桥上栏杆龙样头尾
像坐一条寂寞船，自己拉纤。
我像哭，像自语，我更自己抱歉！
自己焦心，同情，一把心紧似琴弦，——
我说哑的，哑的琴我知道，一出曲子

未唱，幻望的手指终未来在上面？

　　《十月独行》里，林徽因是一个在岁月中行走的孤独者。她孑然一身，伫立在广袤的天地中，看人来人往，细数那些被记忆雕刻的时光。如她在诗里所说，"像坐一条寂寞船，自己拉纤"，由自己寻找生命的真相。

　　林徽因的诗歌创作在京派文学的活动中逐渐走上巅峰。这一时期除了《你是人间的四月天》以外，她发表的主要诗作有《十月独行》《雨后天》《秋天，这秋天》等。

是谁笑得那样甜，那样深，

那样圆转？一串一串明珠

大小闪着光亮，迸出天真！

清泉底浮动，泛流到水面上，

灿烂，

分散！

是谁笑得好花儿开了一朵？

那样轻盈，不惊起谁。

细香无意中，随着风过，

拂在短墙，丝丝在斜阳前

挂着

留恋。

是谁笑成这百层塔高耸，
让不知名鸟雀来盘旋？
是谁笑成这万千个风铃的转动，
从每一层琉璃的檐边
摇上
云天？

这首《深笑》可以说代表了林徽因当时诗歌风格的转变，笔
调变得清丽明快。同时也可以看出林徽因一个时期内总体上的美
学追求，清新、细腻、纯净，仿佛每一个句子都有很高的透明度，
同时又很讲究韵律美、建筑美、音乐美。
还有她的《藤花前——独过静心斋》：

紫藤花开了
轻轻的放着香，
没有人知道……
紫藤花开了
轻轻的放着香，
没有人知道。
楼不管，曲廊不作声，

蓝天里白云行去，

池子一脉静；

水面散着浮萍，

水底下挂着倒影。

紫藤花开了

没有人知道！

蓝天里白云行去，

小院。

无意中我走到花前。

轻香，风吹过

花心，

风吹过我，——

望着无语，紫色点。

　　用独特的意象、全新的审美角度，像工匠用彩瓦砌造钟楼一样，她用语言营造着一个完美的艺术建构，仿佛心的背面，也沐浴着春日明媚的阳光。

　　古典主义的理性与典雅，浪漫主义的热情与明朗，象征主义的含蓄与隐秘，这三者在她诗中的统一，以及古典主义风格的托物寄情与现代主义的意象表情的对立统一，共同构成了她在这个时期的艺术风格。

　　但林徽因的诗歌才华并不是这时候才被人认可的。早在到香山养病期间，她就已经写下了不少水准不俗的作品。1931 年 4 月的《诗刊》第二期，发表了林徽因的三首爱情诗:《那一晚》《"谁爱这不息的变幻"》《仍然》。当时她的笔名是"尺棰"。

到了香山后，香山的春日更引发了她的诗兴，她便如痴如醉地写起诗来。她的每一首诗都与自然和生命息息相关。她的诗歌受到英国唯美派诗人的影响，在早期体现得更加明显。

笑的是她的眼睛，口唇，
和唇边浑圆的漩涡。
艳丽如同露珠，
朵朵的笑向
贝齿的闪光里躲。
那是笑——神的笑，美的笑;
水的映影，风的轻歌。
笑的是她惺松的鬈发，
散乱的挨着她耳朵。
轻软如同花影，
痒痒的甜蜜
涌进了你的心窝。
那是笑——诗的笑，画的笑:
云的留痕，浪的柔波。

"那是笑——诗的笑，画的笑"，这一句，甜到人的心里，灿烂无比。这首诗是林徽因早年写下的，浮动着生命气息的旋律，从眼神里，从嘴角边，从甜美的微笑里静静流淌。美好得似乎伸手便可触碰，一触碰却又消逝无影。

这段日子里，林徽因还创作了《一首桃花》《激昂》《莲灯》《情愿》《中夜钟声》《山中一个夏夜》等诗歌。这是她写诗最多的一个时期。这个时期的作品，传达出她对生活和生命的热爱，情感细腻，构思巧妙，以独特的想象，创造了一个内心情感和思想的诗性世界，具有音乐、绘画和建筑美。

从这个花季始，她走上了诗歌创作的漫长旅程。

柔软宁静的一方天地

　　林徽因自小长在书香门第，青年时代旅居欧陆，而后，又在北平浓郁的文化氛围中深受熏陶，这一切，铸炼了她对生活的热爱，培养了她用文字寄托情感的能力。

　　在香山养病期间，林徽因创作了她的小说处女作《窘》，发表于《新月》月刊第三卷第九期。这篇一万两千多字的小说，叙述的是一个刚刚进入中年的知识分子维杉，面对现实生活中的经济窘况和精神压抑的双重尴尬。

　　在这篇小说中，林徽因首次提出"代沟"的概念。这道沟是有形的，它无处不在，处处让人感到一种生存的压迫；它又是无形的，仿佛两个永恒之间一道看不见的深壑。

　　林徽因以细致入微的心理描写手法，刻画出维杉这种无处不在的"窘"：

　　——他不痛快极了，挺起腰来健步走到旁边小路上，表示不耐烦。不耐烦的脸本来与他最相宜的，他一失掉了"不耐烦"的神情，他便好像丢掉了好朋友，心里便不自在。懂得吧？他绕到后边，隔岸看一看白塔，它是自在得很，永远带些不耐烦的脸站着，——还是坐着？——它不懂得什么年轻，老。这一些无聊的日月，它只是站着不动，脚底下自有湖水，亭榭松柏，杨柳，人，——老的小的——忙着他们更换的纠纷！

"要活着就别想"，维杉后来不得不这样安慰自己。维杉感觉到这世界和自己之间隔着深深的一道沟壑。"桥是搭得过去的，不过深沟仍然是深沟，你搭多少桥，沟是仍然不会消灭的。"这是一代人的悲剧，作为知识分子的维杉，只不过是比别人更早地体味到了这一点。

故事的最后，少朗的女儿芝请维杉给她去美国的同学写一封介绍信，少朗问："你还在和碧谛通信么？还有雷茵娜？""很少……"维杉又觉得窘到极点了。过去那点有色彩的生活，也被这"代沟"给分隔开了，甚至没有回望生活的权利。

生活状态的窘迫，是心理状态窘迫的反应。这篇小说创作出了整整一代人的生存尴尬，这里面有社会的、历史的、道德的、观念的因素，但最本质的还是那道看不见、摸不着，却又无处不在的鸿沟。

林徽因的另一部重要的小说是《九十九度中》，在叶公超主编的《学文》杂志创刊号发表后，引起了较大的反响和同代作家的注意。

这是一个充满象征和寓意的故事。李健吾先生早在 1935 年就给予林徽因的小说《九十九度中》很高的评价。他说："《九十九度中》正是一个人生的横切面。在这样一个北平，作者把一天的形形式式披露在我们眼前，没有组织，却有组织；没有条理，却有条理；没有故事，却有故事，而且有那样多的故事；没有技巧，却处处透露匠心。……一个女性细密而蕴藉的情感，一切在这里轻轻地弹起共鸣，却又和粼粼水波一样轻轻地滑开。"

《九十九度中》以一幅全景式的北平平民生活的民俗风情画，呈现了市民阶层一个生活的横断面。小说中处处洋溢着一个"热"字，有钱的人热热闹闹地祝寿，热热闹闹地娶媳妇；生活在下层社会里的挑夫、洋车夫忙忙碌碌地为生活奔波，一切都是混乱的、无序的，仿佛这世界就是一口热气腾腾的开水锅，所有的面孔都在这生活的蒸汽里迷离着。

小说通篇没有一个"冷"字，连冰菜肴的冰块都"热"得要融化了，却字字句句带着逼人的寒气。林徽因以九十九度来比照生命的零度，以哲学的关照俯瞰人生，就好比《红楼梦》中的"风月宝鉴"，美人的另一面便是骷髅。

这是人生真正的残酷所在。

《吉公》也是林徽因有名的短篇小说，写了一个身份卑微却灵魂高贵的小人物。吉公本是作者"外曾祖母抱来的孩子"，因此在家中的地位十分尴尬，介于食客和下人之间，但聪明绝顶。他喜欢摆弄小机械，房间里像一个神秘的作坊，他能修理手表，自称大上海的手表修理匠也比他不过，他还会照相，这在当时很是了不起，因此总能得到许多女人的青睐。

《吉公》透露出生命最本质的生存形态——对生命意志的张扬和对灵魂自由的渴求。他不需要别人恩赐他的生活，他要凭着自己的努力去奋斗、去追求。

"京派文学"活跃的时期，是林徽因文学创作生涯里最辉煌的时期。她一生创作的文学作品数量并不多，却都堪称文学中的经典。正是通过这些作品，我们才能了解林徽因那隐含于灵动的文字下，清新自然的文艺情怀。

这些富有气韵和思想的文字，是林徽因生命里柔软、宁静的一方天地。在这里，万物静默如谜，唯诗情纯挚不息。

万古人间四月天

记忆斑驳了流年，往事静默在轻柔的诗意里，祭奠着，那一场姹紫嫣红的花事。多想，你是一季永不凋零的春意盎然；多想，你是一首笑语嫣然的诗情画意；多想，你的名字永远留在人间四月，在那一缕卷帘清风里，永不老去。

该来的还是会来。

1954 年秋冬之际，林徽因再一次病倒了。这次是真的再也起不来——连挣扎着起床的力气也被肺病抽得一干二净。《中国建筑彩画图案》序文的校样已经送来好几天了，她刚读了几行就头昏眼花。光是靠在床上什么也不做，冷汗就止不住地淌。她整夜整夜地咳嗽，片刻安睡都是奢侈。林徽因面如死灰，双眼深陷得吓人。

梁思成也病了，但他还是拖着病体照顾着妻子。从清华园进城一次很不容易，每次去城内的医院做检查对他们来说都是一次考验。而林徽因的身体也实在不能抵御郊外的寒冷。为了方便治疗，梁思成计划到市区内租房子，可还没等安排妥当，他就病倒了。他从妻子那里传染的肺结核复发，必须住院治疗。

梁思成和林徽因都住进了同仁医院。他们的病房紧挨着，虽然从这一间到那一间只要走两分钟，但他们都没力气走动。

梁思成没有住院的时候，还能三天两头到医院来一趟。现在他就在她隔壁，却一步都不能走近她。他们只得拜托送药的护士每天传一张纸条，相互问候。

一道墙壁，却像隔着万水千山，似乎要把他们永远地分开。

林徽因已经很久不敢照镜子了，她怕在那块明亮的玻璃上，看到自己瘦骨嶙峋的面容和一生跌跌撞撞的路程。她的床头一直放着一本拜伦的诗选，医院的医生和护士常常能听见她低声地诵读着那些诗句。

没有力气翻动书页的时候，她就把手放在书本上，仿佛要从书本里汲取一些力量。

1955 年的春节，夫妻俩是在医院里度过的。再冰和从诫回来了。他们从父亲的病房到母亲的病房，给他们讲学校里发生的趣事、社会上的见闻。这是梁思成和林徽因一天中最快乐的时光。孩子们离去后，幸福的微笑还久久地停留在他们憔悴的脸上。

一些老朋友和清华建筑系的师生也不时前来探病。他们大多住在学校，进城不方便，梁思成和林徽因总是劝他们不要再折腾了。

春节过后，梁思成的病情稍微好了些，医生允许他轻微活动活动。每天等医生查完房，护士打完针，他就来到林徽因的病房陪着她。他们挨在一起小声地聊着天。一直以来，妻子都是谈话的主角，丈夫是听众，现在他们的角色终于互换了。林徽因惊讶地发现，原来丈夫竟然是这么健谈，而且记忆力惊人。从年少时的趣事，到他们初次相见，到宾大的甜蜜和争吵，到李庄的相濡以沫不离不弃……每一件事他都记得这么清楚。林徽因听着梁思成的回忆，那些往事又像放电影一样在眼前上演了，青春的影子在飘摇着。

梁思成担心林徽因会疲劳，说一阵子，就让她闭目养神。这时候他偶尔回到自己房间，大多数情况下还是留在妻子身边陪着她。什么都不说，什么都不做，只是安静地待在一起。这是一段静谧的、完全属于他们的时间。从美国读书回来后，他们就很少有这样的时光了，每一天都为事业、为生活忙碌而不得闲。现在，反倒是这场病，给了他们难得的清闲时光。

林徽因非常平静，她丝毫没有表现出对死亡的恐惧。十年前，甚至更早，她就已经做好了一切准备。她来过这个世界，每天都没有浪费地努力地活着；她的爱人还在她身边，战争和疾病都没能把他们分开；孩子们长大了，有自己的主见和未来；她有自己钟爱一生的事业，建筑、文学、艺术，这些给了她莫大的快乐和安慰，支撑她熬过一个个病痛的白天夜晚。她什么都有了，不再遗憾。

梁思成的心情却截然相反。看着妻子一天天衰竭，他心如刀绞，却又无能为力。他绝望地向老天乞求着，乞求生命的奇迹再一次降临。他害怕林徽因这次真的要走了，丢下他在这个他越来越不懂的世界里彷徨。她常常在剧烈的咳嗽之后闭着眼睛微微喘气，好一会儿才能缓过来。她垂着眼睑的样子，那安静的神态让他想起他们的第一次相遇。

1955 年 4 月 1 日，清晨 6 时，中国第一位女建筑学家走完了她五十一年的人生。在一天中最清新的时刻，世界刚刚睡醒，朝露还没有蒸发。此时，天堂的大门刚刚开启，正准备迎接这个美丽绝伦的灵魂。

4 月 3 日，林徽因的追悼会在北京市金鱼胡同贤良寺举行。在众多的挽联中，她一生的挚友金岳霖教授和邓以蛰教授合写的挽联最引人注目：

一身诗意千寻瀑，万古人间四月天。

这是对林徽因一生最好的注解。

由于林徽因生前设计国徽和人民英雄纪念碑的特殊贡献，北京市人民政府决定，将她的遗体安葬于八宝山革命公墓。

林徽因曾和梁思成互有约定，谁先去世，活着的那个要为他（她）设计墓碑。梁思成履行了最后的承诺。他设计的墓体简洁、朴实、庄重——也许，林徽因在他的心中，就是这个样子。墓碑上，除了生辰年月，便只有"建筑师林徽因之墓"几个字。

生如夏花之绚烂，死若秋叶之静美。她一生的华美，断不是庸常之人所能企及，亦足以无悔。活着的时候喜欢热闹，死去时，却像青鸟一样倦而知返，在月色还未散去的清晨踏着薄雾而去。

一代才女的人生，被季节封存在人间四月。

【附录一　林徽因诗歌选】

莲灯

如果我的心是一朵莲花，
正中擎出一枝点亮的蜡，
荧荧虽则单是那一剪光，
我也要它骄傲的捧出辉煌。
不怕它只是我个人的莲灯，
照不见前后崎岖的人生——
浮沉它依附着人海的浪涛
明暗自成了它内心的秘奥。
单是那光一闪花一朵——
像一叶轻舸驶出了江河——
宛转它飘随命运的波涌
等候那阵阵风向远处推送。
算做一次过客在宇宙里，
认识这玲珑的生从容的死，
这飘忽的途程也就是个——
也就是个美丽美丽的梦。

二十一年七月半，香山

情愿

我情愿化成一片落叶，
让风吹雨打到处飘零；
或流云一朵，在澄蓝天，
和大地再没有些牵连。

但抱紧那伤心的标志，
去触遇没着落的怅惘；
在黄昏，夜半，蹑着脚走，
全是空虚，再莫有温柔；

忘掉曾有这世界；有你；
哀悼谁又曾有过爱恋；
落花似的落尽，忘了去
这些个泪点里的情绪。
到那天一切都不存留，
比一闪光，一息风更少
痕迹，你也要忘掉了我
曾经在这世界里活过。

激昂

　　我要借这一时的豪放
　　和从容，灵魂清醒的
　　在喝一泉甘甜的鲜露，
　　来挥动思想的利剑，
　　舞它那一瞥最敏锐的
　　锋芒，像皑皑塞野的雪
　　在月的寒光下闪映，
　　喷吐冷激的辉艳；——斩，
　　斩断这时间的缠绵，
　　和猥琐网布的纠纷，
　　剖取一个无瑕的透明，
　　看一次你，纯美，
　　你的裸露的庄严。
　　……
　　然后踩登
　　任一座高峰，攀牵着白云
　　和锦样的霞光，跨一条
　　长虹，瞰临着澎湃的海，

在一穹匀净的澄蓝里，

书写我的惊讶与欢欣，

献出我最热的一滴眼泪，

我的信仰，至诚，和爱的力量，

永远膜拜，

膜拜在你美的面前！

五月，香山

展缓

当所有的情感

都并入一股哀怨

如小河，大河，汇向着

无边的大海，——不论

怎么冲击，怎样盘旋，——

那河上劲风，大小石卵，

所做成的几处逆流

小小港湾，就如同

那生命中，无意的宁静

避开了主流；情绪的

平波越出了悲愁。

停吧，这奔驰的血液；
它们不必全然废弛的
都去造成眼泪。
不妨多几次辗转，溯回流水，
任凭眼前这一切缭乱，
这所有，去建筑逻辑。
把绝望的结论，稍稍
迟缓，拖延时间，——
拖延理智的判断，——
会再给纯情感一种希望！

那一晚

那一晚我的船推出了河心，
澄蓝的天上托着密密的星。
那一晚你的手牵着我的手，
迷惘的星夜封锁起重愁。
那一晚你和我分定了方向，

两人各认取个生活的模样。
到如今我的船仍然在海面飘，
细弱的桅杆常在风涛里摇。
到如今太阳只在我背后徘徊，
层层的阴影留守在我周围。
到如今我还记着那一晚的天，
星光、眼泪、白茫茫的江边！
到如今我还想念你岸上的耕种：
红花儿黄花儿朵朵的生动。
那一天我希望要走到了顶层，
蜜一般酿出那记忆的滋润。
那一天我要挎上带羽翼的箭，
望着你花园里射一个满弦。
那一天你要听到鸟般的歌唱，
那便是我静候着你的赞赏。
那一天你要看到零乱的花影，
那便是我私闯入当年的边境！

\

一首桃花

桃花，

那一树的嫣红，

像是春说的一句话：

朵朵露凝的娇艳，

是一些

玲珑的字眼，

一瓣瓣的光致，

又是些

柔的匀的吐息；

含着笑，

在有意无意间

生姿的顾盼。

看，——

那一颤动在微风里

她又留下，淡淡的，

在三月的薄唇边，

一瞥，

一瞥多情的痕迹！

二十年五月，香山

山中一个夏夜

山中有一个夏夜，深得
像没有底一样，
黑影，松林密密的；
周围没有点光亮。
对山闪着只一盏灯——两盏
像夜的眼，夜的眼在看！

满山的风全蹑着脚
像是走路一样，
躲过了各处的枝叶
各处的草，不响。
单是流水，不断的在山谷上
石头的心，石头的口在唱。

虫鸣织成那一片静，寂寞

像垂下的帐幔；
仲夏山林在内中睡着，
幽香四下里浮散。
黑影枕着黑影，默默的无声，
夜的静，却有夜的耳在听！

一九三一年

深夜里听到乐声

这一定又是你的手指，
轻弹着，
在这深夜，稠密的悲思。

我不禁颊边泛上了红，
静听着，
这深夜里弦子的生动。

一声听从我心底穿过，
忒凄凉
我懂得，但我怎能应和？

生命早描定她的式样，

太薄弱

是人们的美丽的想象。

除非在梦里有这么一天，

你和我

同来攀动那根希望的弦。

谁爱这不息的变幻

谁爱这不息的变幻，她的行径？

催一阵急雨，抹一天云霞，月亮，

星光，日影，在在都是她的花样，

更不容峰峦与江海偷一刻安定。

骄傲的，她奉着那荒唐的使命：

看花放蕊树凋零，娇娃做了娘；

叫河流凝成冰雪，天地变了相；

都市喧哗，再寂成广漠的夜静！

虽说千万年在她掌握中操纵，

她不曾遗忘一丝毫发的卑微。

难怪她笑永恒是人们造的谎，
来抚慰恋爱的消失，死亡的痛。
但谁又能参透这幻化的轮回，
谁又大胆地爱过这伟大的变幻？

香山，四月十二日

你是人间的四月天

我说你是人间的四月天；
笑响点亮了四面风；轻灵
在春的光艳中交舞着变。

你是四月早天里的云烟，
黄昏吹着风的软，星子在
无意中闪，细雨点洒在花前。

那轻，那娉婷，你是，鲜妍
百花的冠冕你戴着，你是
天真，庄严，你是夜夜的月圆。
雪化后那片鹅黄，你像；新鲜

初放芽的绿，你是；柔嫩喜悦
水光浮动着你梦期待中白莲。

你是一树一树的花开，是燕
在梁间呢喃，——你是爱，是暖，
是希望，你是人间的四月天！

【附录二 林徽因散文选】

悼志摩

　　十一月十九日我们的好朋友，许多人都爱戴的新诗人徐志摩，突兀的，不可信的，惨酷的，在飞机上遇险而死去。这消息在二十日的早上像一根针刺猛触到许多朋友的心上，顿使那一早的天墨一般地昏黑，哀恸的咽哽锁住每一个人的嗓子。

　　志摩……死……谁曾将这两个句子联在一处想过！他是那样活泼的一个人，那样刚刚站在壮年的顶峰上的一个人。朋友们常常惊讶他的活动，他那像小孩般的精神和认真，谁又会想到他死？

　　突然的，他闯出我们这共同的世界，沉入永远的静寂，不给我们一点预告，一点准备，或是一个最后希望的余地。这种几乎近于忍心的决绝，那一天不知震麻了多少朋友的心？现在那不能否认的事实，仍然无情地挡住我们前面。任凭我们多苦楚地哀悼他的惨死，多迫切地希冀能够仍然接触到他原来的音容，事实是不会为体贴我们这悲念而有些须更改；而他也再不会为不忍我们这伤悼而有些须活动的可能！这难堪的永远静寂和消沉便是死的最残酷处。

　　我们不迷信的，没有宗教地望着这死的帏幕，更是丝毫没有把握。张开口我们不会呼吁，闭上眼不会入梦，徘徊在理智和情感的边沿，我们不能预期后会，对这死，我们只是永远发怔，吞咽枯涩的泪，待时间来剥削这哀恸的尖锐，痂结我们每次悲悼的创伤。那一天下午初得到消息的许多朋友不是全跑到胡适之先生家里么？但是除却拭泪相对，默然围坐外，谁也没有主意，谁也不知有什么话说，对这死！

谁也没有主意，谁也没有话说！事实不容我们安插任何的希望，情感不容我们不伤悼这突兀的不幸，理智又不容我们有超自然的幻想！默然相对，默然围坐……而志摩则仍是死去没有回头，没有音讯，永远地不会回头，永远地不会再有音讯。

我们中间没有绝对信命运之说的，但是对着这不测的人生，谁不感到惊异，对着那许多事实的痕迹又如何不感到人力的脆弱，智慧的有限。世事尽有定数？世事尽是偶然？对这永远的疑问我们什么时候能有完全的把握？

在我们前边展开的只是一堆坚质的事实：

"是的，他十九晨有电报来给我……

"十九早晨，是的！说下午三点准到南苑，派车接……

"电报是九时从南京飞机场发出的……

"刚是他开始飞行以后所发……

"派车接去了，等到四点半……说飞机没有到……

"没有到……航空公司说济南有雾……很大……"只是一个钟头的差别；下午三时到南苑，济南有雾！谁相信就是这一个钟头中便可以有这么不同事实的发生，志摩，我的朋友！

他离平的前一晚我仍见到，那时候他还不知道他次晨南旅的，飞机改期过三次，他曾说如果再改下去，他便不走了的。我和他同由一个茶会出来，在总布胡同口分手。在这茶会里我们请的是为太平洋会议来的一个柏雷博士，因为他是志摩生平最爱慕的女作家曼殊斐儿的姊丈，志摩十分地殷勤；希望可以再从柏雷口中得些关于曼殊斐儿早年的影子，只因限于时间，我们茶后匆匆地便散了。晚上我有约会出去了，回来时很晚，听差说他又来过，适遇我们夫妇刚走，他自己坐了一会儿，喝了一壶茶，在桌上写了些字便走了。我到桌上一看：——

"定明早六时飞行，此去存亡不卜……"我怔住了，心中一阵不痛快，却忙给他一个电话。

"你放心，"他说，"很稳当的，我还要留着生命看更伟大的事迹呢，哪能便死？……"

话虽是这样说，他却是已经死了整两周了！

凡是志摩的朋友，我相信全懂得，死去他这样一个朋友是怎么一回事！

现在这事实一天比一天更结实，更固定，更不容否认。志摩是死了，这个简单惨酷的实际早又添上时间的色彩，一周，两周，一直地增长下去……

我不该在这里语无伦次地尽管呻吟我们做朋友的悲哀情绪。归根说，读者抱着我们的文字看，也就是像志摩的请柏雷一样，要从我们口里再听到关于志摩的一些事。这个我明白，只怕我不能使你们满意，因为关于他的事，动听的，使青年人知道这里有个不可多得的人格存在的，实在太多，决不是几千字可以表达得完。谁也得承认像他这样的一个人世间便不轻易有几个的，无论在中国或是外国。

我认得他，今年整十年，那时候他在伦敦经济学院，尚未去康桥。我初次遇到他，也就是他初次认识到影响他迁学的逖更生先生。不用说他和我父亲最谈得来，虽然他们年岁上差别不算少，一见面之后便互相引为知己。他到康桥之后由逖更生介绍进了皇家学院，当时和他同学的有我姊丈温君源宁。一直到最近两月中源宁还常在说他当时的许多笑话，虽然说是笑话，那也是他对志摩最早的一个惊异的印象。志摩认真的诗情，绝不含有丝毫矫伪，他那种痴，那种孩子似的天真实能令人惊讶。源宁说，有一天他在校舍里读书，外边下了倾盆大雨——惟是英伦那样的岛国才有的狂雨——忽然他听到有人猛敲他的房门，外边跳进一个被雨水淋得全湿的客人。不用说他便是志摩，一进门一把扯着源宁向外跑，说快来我们到桥上去等着。这一来把源宁怔住了，他问志摩等什么在这大雨里。志摩睁大了眼睛，孩子似的高兴地说"看雨后的虹去"。源宁不止说他不去，并且劝志摩趁早将湿透的衣服换下，再穿上雨衣出去，英国的湿气岂是儿戏，志摩不等他说完，一溜烟地自己跑了！

以后我好奇地曾问过志摩这故事的真确，他笑着点头承认这全段故事的真实。我问：那么下文呢，你立在桥上等了多久，并且看到虹了没有？他说记不清，但是他居然看到了虹。我诧异地打断他对那虹的描写，问他：怎么他便知道，准会有虹的。他得意地笑答我说："完全诗意的信仰！"

"完全诗意的信仰"，我可要在这里哭了！也就是为这"诗意的信仰"他硬要借航空的方便达到他"想飞"的宿愿！"飞机是很稳当的，"他说，"如果要出事那是我的运命！"他真对运命这样完全诗意的信仰！

志摩我的朋友，死本来也不过是一个新的旅程，我们没有到过的，不免过分地怀疑，死不定就比这生苦，"我们不能轻易断定那一边没有阳光与人情的温慰"，但是我前边说过最难堪的是这永远的静寂。我们生在这没有宗教的时代，对这死实在太没有把握了。这以后许多思念你的日子，怕要全是昏暗的苦楚，不会有一点点光明，除非我也有你那美丽的诗意的信仰！

我个人的悲绪不竟又来扰乱我对他生前许多清晰的回忆，朋友们原谅。

诗人的志摩用不着我来多说，他那许多诗文便是估价他的天平。我们新诗的历史才是这样的短，恐怕他的判断人尚在我们儿孙辈的中间。我要谈的是诗人之外的志摩。人家说志摩的为人只是不经意的浪漫，志摩的诗全是抒情诗，这断语从不认识他的人听来可以说很公平，从他朋友们看来实在是对不起他。志摩是个很古怪的人，浪漫固然，但他人格里最精华的却是他对人的同情，和蔼,和优容;没有一个人他对他不和蔼,没有一种人,他不能优容,没有一种的情感,他绝对地不能表同情。我不说了解,因为不是许多人爱说志摩最不解人情么?我说他的特点也就在这上头。

我们寻常人就爱说了解;能了解的我们便同情,不了解的我们便很落漠乃至于酷刻。表同情于我们能了解的,我们以为很适当;不表同情于我们不能了解的,我们也认为很公平。志摩则不然,了解与不了解,他并没有过分地夸张,他只知道温存、和平、体贴,只要他知道有情感的存在,无论出自何人,在何等情况之下,他理智上认为适当与否,他全能表几分同情,他真能体会原谅他人与他自己不相同处。从不会刻薄地单支出严格的迫仄的道德的天平指摘凡是与他不同的人。他这样的温和,这样的优容,真能使许多人惭愧,我可以忠实地说,至少他要比我们多数的人伟大许多;他觉得人类各种的情感动作全有它不同的,价值放大了的人类的眼光,同情是不该只限于我们划定的范围内。他是对的,朋友们,归根说,我们能够懂得几个人,了解几桩事,几种情感?哪一桩事,哪一个人没有多面的看法!为此说来志摩朋友之多,不是个可怪的事;凡是认得他的人不论深浅对他全有特殊的感情,也是极自然的结果。而反过来看他自己在他一生的过程中却是很少得着同情的。不止如是,他还曾为他的一点理想的愚诚几次几乎不见容于社会。但是他却未曾为这个而鄙吝他给他人的同情心,他的性情,不曾为受了刺激而转变刻薄暴戾过,谁能不承认他几有超人的宽量。

志摩的最动人的特点，是他那不可信的纯净的天真，对他的理想的愚诚，对艺术欣赏的认真，体会情感的切实，全是难能可贵到极点。他站在雨中等虹，他甘冒社会的大不韪争他的恋爱自由；他坐曲折的火车到乡间去拜哈代，他抛弃博士一类的引诱卷了书包到英国，只为要拜罗素做老师，他为了一种特异的境遇，一时特异的感动，从此在生命途中冒险，从此抛弃所有的旧业，只是尝试写几行新诗——这几年新诗尝试的运命并不太令人踊跃，冷嘲热骂只是家常便饭——他常能走几里路去采几茎花，费许多周折去看一个朋友说两句话；这些，还有许多，都不是我们寻常能够轻易了解的神秘。我说神秘，其实竟许是傻，是痴！事实上他只是比我们认真，虔诚到傻气，到痴！他愉快起来，他的快乐的翅膀可以碰得到天，他忧伤起来，他的悲戚是深得没有底。寻常评价的衡量在他手里失了效用，利害轻重他自有他的看法，纯是艺术的情感的脱离寻常的原则，所以往常人常听到朋友们说到他总爱带着嗟叹的口吻说："那是志摩，你又有什么法子！"他真的是个怪人么？朋友们，不，一点都不是，他只是比我们近情，近理，比我们热诚，比我们天真，比我们对万物都更有信仰，对神，对人，对灵，对自然，对艺术！

朋友们，我们失掉的不止是一个朋友，一个诗人，我们丢掉的是个极难得可爱的人格。

至于他的作品全是抒情的么？他的兴趣只限于情感么？更是不对。志摩的兴趣是极广泛的。就有几件，说起来，不认得他的人便要奇怪。他早年很爱数学，他始终极喜欢天文，他对天上星宿的名字和部位就认得很多，最喜暑夜观星，好几次他坐火车都是带着关于宇宙的科学的书。他曾经疯过爱因斯坦的相对论，并且在一九二二年便写过一篇关于相对论的东西登在《民铎》杂志上。他常向思成说笑："任公先生的相对论的知识还是从我徐君志摩大作上得来的呢，因为他说他看过许多关于爱因斯坦的哲学都未曾看懂，看到志摩的那篇才懂了。"今夏我在香山养病，他常来闲谈，有一天谈到他幼年上学的经过和美国克来克大学两年学经济学的景况，我们不禁对笑了半天，后来他在他的《猛虎集》的"序"里也说了那么一段。可是奇怪的！他不像许多天才，幼年里上学，不是不及格，便是被斥退，他是常得优等的，听说有一次康乃尔暑校里一个极严的经济教授还写了信去克来克大学教授那里恭维他的学生，关于一门很难的功课。我不是为志摩在这里夸张，因为事实上只有为了这桩事，今夏志摩自己便笑得不亦乐乎！

　　此外他的兴趣对于戏剧绘画都极深浓，戏剧不用说，与诗文是那么接近，他领略绘画的天才也颇可观，后期印象派的几个画家，他都有极精密的爱恶，对于文艺复兴时代那几位，他也很熟悉，他最爱鲍提且利和达文骞。自然他也常承认文人喜画常是间接地受了别人论文的影响，他的，就受了法兰（Roger Fry）和斐德（Walter Pater）的不少。对于建筑审美，他常常对思成和我道歉说："太对不起，我的建筑常识全是Ruskins那一套。"他知道我们是最讨厌Ruskins的。但是为看一个古建的残址，一块石刻，他比任何人都热心，都更能静心领略。

　　他喜欢色彩，虽然他自己不会作画，暑假里他曾从杭州给我几封信，他自己叫它们作"描写的水彩画"，他用英文极细致地写出西（边？）桑田的颜色，每一分嫩绿，每一色鹅黄，他都仔细地观察到。又有一次，他望着我园里一带断墙半晌不语，过后他告诉我说，他正在默默体会，想要描写那墙上向晚的艳阳和刚刚入秋的藤萝。

　　对于音乐，中西的他都爱好，不止爱好，他那种热心便唤醒过北平一次——也许唯一的一次——对音乐的注意。谁也忘不了那一年，客拉司拉到北平在"真光"拉一个多钟头的提琴。对旧剧他也得算"在行"，他最后在北平那几天我们曾接连地同去听好几出戏，回家时我们讨论的热闹，比任何剧评都诚恳都起劲。

　　谁相信这样的一个人，这样忠实于"生"的一个人，会这样早地永远地离开我们另投一个世界，永远地静寂下去，不再透些须声息！

　　我不敢再往下写，志摩若是有灵听到比他年轻许多的一个小朋友拿着老声老气的语调谈到他的为人不觉得不快么？这里我又来个极难堪的回忆，那一年他在这同一个的报纸上写了那篇伤我父亲惨故的文章，这梦幻似的人生转了几个弯，曾几何时，却轮到我在这风紧夜深里握笔吊他的惨变。这是什么人生？什么风涛？什么道路？志摩，你这最后的解脱未始不是幸福，不是聪明，我该当羡慕你才是。

惟其是脆嫩

活在这非常富于刺激性的年头里，我敢喘一口气说，我相信一定有多数人成天里为观察听闻到的，牵动了神经，从跳动而有血裹着的心底下累积起各种的情感，直冲出嗓子，逼成了语言到舌头上来。这自然丰富的累积，有时更会倾溢出少数人的唇舌，再奔进到笔尖上，另具形式变成在白纸上驰骋的文字。这种文字便全是我们这个时代的出产，大家该千万珍视它！

现在，无论在哪里，假如有一个或多种的机会，我们能把许多这种自然触发出来的文字，交出给同时代的大众见面，因而或能激动起更多方面，更复杂的情感，和由这情感而形成更多方式的文字；一直造成了一大片丰富而且有力的创作的田壤、森林、江山……产生结结实实的我们这个时代特有的表情和文章；我们该不该诚恳地注意到这机会或能造出的事业，各人将各人的一点点心血献出来尝试？

假使，这里又有了机会联聚起许多人，为要介绍许多方面的文字，更进而研讨文章的质的方面；或指出以往文章的历程，或讲究到各种文章上比较的问题，进而无形地讲究到程度和标准等问题。我又敢相信，在这种景况下定会发生更严重鼓励写作的主动力。使创作界增加问题，或许。惟其是增加了问题，才助益到创造界的活泼和健康。文艺绝不是蓬勃丛生的野草。

我们可否直爽地承认一桩事？创作的鼓动时常要靠着刊物把它的成绩布散出去吹风，晒太阳，和时代的读者把晤的。被风吹冷了，太阳晒萎了，固常有的事。被读者所欢迎，所冷淡，或误会，或同情，归根应该都是激动创造力的药剂！

至于，一来就高举趾，二来就气馁的作者，每个时代都免不了有他们起落的踪迹。这个与创作界主体的展动只成枝节问题。哪一个创作兴旺的时代缺得了介绍散布作品的刊物，同那或能同情，或不了解的读众？

创作品是不能不与时代见面的，虽然作者的名姓，则并不一定。伟大作品没有和本时代见面，而被他时代发现珍视的固然有，但也只是偶然例外的事。

希腊悲剧是在几万人前面唱演的，莎士比亚的戏更是街头巷尾的粗人都看得到的。到有刊物时代的欧洲，更不用说，一首诗文出来人人争买着看，就是中国在印刷艰难的时候，也是什么"传诵一时"，什么"人手一抄"等……

创作的主力固在心底，但逼迫着这只有时间性的情绪语言而留它在空间里的，却常是刊物这一类的鼓励和努力所促成。

现走遍人间是能刺激起创作的主力。尤其在中国，这种日子，那一副眼睛看到了些什么，舌头底下不立刻紧急的想说话，乃至于歌泣！如果创作界仍然有点消沉寂寞的话——努力的少，尝试的稀罕——那或是有别的缘故而使然。

我们问：能鼓励创作界的活跃性的是些什么？刊物是否可以救济这消沉的？努力过刊物的诞生的人们，一定知道刊物又时常会因为别的复杂原因而夭折的。它常是极脆嫩的孩儿……那么有创作冲动的笔锋，努力于刊物的手臂，此刻何不联在一起，再来一次合作，逼着创造界又挺出一个新鲜的萌芽！管它将来能不能成田壤，成森林，成江山，一个萌芽是一个萌芽。

脆嫩？惟其是脆嫩，我们大家才更要来爱护它。

这时代是我们特有的，结果我们单有情感而没有表现这情绪的艺术，眼看着后代人笑我们是黑暗时代的哑子，没有艺术，没有文章，乃至于怀疑到我们有没有情感！

回头再看到祖宗传流下那神气的衣钵，怎不觉得惭愧！说世乱，杜老头子过的是什么日子！辛稼轩当日的愤慨当使我们同情！……何必诉，诉不完。

难道现在我们这时代没有形形色色的人物，喜剧悲剧般的人生作题？难道我们现时没有美丽，没有风雅，没有丑陋、恐慌，没有感慨，没有希望？！难道连经这些天灾战祸，我们都不会描述，身受这许多刺骨的辱痛，我们都不会愤慨高歌迸出一缕滚沸的血流？！

难道我们真麻木了不成？难道我们这时代的语辞真贫穷得不能达意？难道我们这时代真没有学问真没有文章？！朋友们努力挺出一根活的萌芽来，记着这个时代是我们的。

山西通信

××××：

居然到了山西，天是透明的蓝，白云更流动得使人可以忘记很多的事，单单在一点什么感情底下，打滴溜转；更不用说到那山山水水，小堡垒，村落，反映着夕阳的一角庙，一座塔！景物是美得到处使人心慌心痛。

我是没有出过门的，没有动身之前不容易动，走出来之后却就不知道如何流落才好。

旬日来眼看去的都是图画，日子都是可以歌唱的古事。黑夜里在山场里看河南来到山西的匠人，围住一个大红炉子打铁，火花和铿锵的声响，散到四围黑影里去。微月中步行寻到田垄废庙，划一根"取灯"偷偷照看那瞭望观音的脸，一片平静。几百年来，没有动过感情的，在那一闪光底下，倒像挂上一缕笑意。

我们因为探访古迹走了许多路，在种种情形之下感慨到古今兴废。在草丛里读碑碣，在砖堆中间偶然碰到菩萨的一只手一个微笑，都是可以激动起一些不平常的感觉来的。

乡村的各种浪漫的位置，秀丽天真。中间人物维持着老老实实的鲜艳颜色，老的扶着拐杖，小的赤着胸背，沿路上点缀的，尽是他们明亮的眼睛和笑脸。

由北平城里来的我们，东看看，西走走，夕阳背在背上，真和掉在另一个世界里一样！云块，天，和我们之间似乎失掉了一切障碍。我乐时就高兴地笑，笑声一直散到对河对山，说不定哪一个林子，哪一个村落里去！我感觉到一种平坦，竟许是辽阔，和地面恰恰平行着舒展开来，感觉最边沿的边沿，和大地的边沿，永远赛着向前伸……

我不会说，说起来也只是一片疯话，人家不耐烦听。让我描写一些实际情形，我又不大会，总而言之，远地里，一处田庙有人在工作，上面青的，黄的，紫的，分行地长着；每一处山坡上，都有人在走路，放羊，迎着阳光，背着阳光，投射着转动的光影；每一个小城，前面站着城楼，旁边睡着小庙，那里又托出一座石塔，神和人，都服帖地，满足地，守着他们那一角天地，近地里，则更有的是热闹，一条街里站满了人，孩子头上梳着三个小辫子的，四个小辫子的，乃至于五六个小辫子的，衣服简单到只剩一个红兜肚，上面隐约也总有他嬷嬷挑的两三朵花！

娘娘庙前面树荫底下，你又能阻止谁来看热闹？教书先生出来了，军队里兵卒拉着马过来了，几个女人娇羞地手拉着手，也扭着来站在一边了，小孩子争着挤，看我们照相，拉皮尺量平面，教书先生帮我们拓碑文。

说起来这个那个庙，都是年代久远了，什么时候盖的，谁也说不清了！说话之人来得太多，我们工作实在发生困难了，可是我们大家都顶高兴的，小孩子一边抱着饭碗吃饭，一边睁着大眼看，一点子也不松懈。

我们走时总是一村子的人来送的，儿媳妇指着说给老婆婆听，小孩们跑着还要跟上一段路。开栅镇，小相村，大相村，哪一处不是一样的热闹，看到北齐天保三年造像碑，我们不小心，漏出一个惊异的叫喊，他们乡里弯着背的、老点儿的人，就也露出一个得意的微笑，知道他们村里的宝贝，居然吓着这古怪的来客了。

"年代多了吧？"他们骄傲地问。"多了多了，"我们高兴地回答，"差不多一千四百年了。""呀，一千四百年！"我们便一起骄傲起来。

我们看看这里金元重修的，那里明季重修的殿宇，讨论那式样做法的特异处，塑像神气，手续，天就渐渐黑下来，嘴里觉到渴，肚里觉到饿，才记起一天的日子圆圆整整地就快结束了。回来躺在床上，绮丽鲜明的印象仍然挂在眼睛前边，引导着种种适意的梦，同时晚饭上所吃的菜蔬果子，便给养充实着我们明天的精力，直到一大颗太阳，红红地照在我们的脸上。

窗子以外

话从哪里说起？等到你要说话，什么话都是那样渺茫地找不到个源头。

此刻，就在我眼帘底下坐着的是四个乡下人的背影；一个头上包着黯黑的白布，两个褪色的蓝布，又一个光头。他们支起膝盖，半蹲半坐的，在溪沿的短墙上休息。每人手里一件简单的东西；一个是白木棒，一个篮子，那两个在树荫底下我看不清楚。无疑地他们已经走了许多路，再过一刻，抽完一筒旱烟以后，是还要走许多路的。兰花烟的香味频频随着微风，袭到我官觉上来，模糊中还有几段山西梆子的声调，虽然他们坐的地方是在我廊子的铁纱窗以外。

铁纱窗以外，话可不就在这里了。永远是窗子以外，不是铁纱窗就是玻璃窗，总而言之，窗子以外！

所有的活动的颜色、声音、生的滋味，全在那里的，你并不是不能看到，只不过是永远地在你窗子以外罢了。多少百里的平原土地，多少区域的起伏的山峦，昨天由窗子外映进你的眼帘，那是多少生命日夜在活动着的所在；每一根青的什么麦黍，都有人流过汗；每一粒黄的什么米粟，都有人吃去；其间还有的是周折，是热闹，是紧张！可是你则并不一定能看见，因为那所有的周折，热闹，紧张，全都在你窗子以外展演着。

在家里罢，你坐在书房里，窗子以外的景物本就有限。那里两树马缨，几棵丁香；榆叶梅横出疯权的一大枝；海棠因为缺乏阳光，每年只开个两三朵——叶子上满是虫蚁吃的创痕，还卷着一点焦黄的边；廊子幽秀地开着扇子式，六边形的格子窗，透过外院的日光，外院的杂音。什么送煤的来了，偶然你看到一个两个被煤炭染成黔黑的脸；什么米送到了，一个人掮着一大口袋在背上，慢慢踱过屏门；还有自来水、电灯、电话公司来收账的，胸口斜挂着皮口袋，手里推着一辆自行车；更有时厨子来个朋友了，满脸的笑容，"好呀，好呀！"地走进门房；什么赵妈的丈夫来拿钱了，那是每月一号一点都不差的，早来了你就听到两个人唧唧哝哝争吵的声浪。那里不是没有颜色、声音、生的一切活动，只是他们和你总隔个窗子——扇子式的，六边形的，纱的，玻璃的！

你气闷了把笔一搁说，这叫作什么生活！你站起来，穿上不能算太贵的鞋袜，但这双鞋和袜的价钱也就比——想它做什么，反正有人每月的工资，一定只有这价钱的一半乃至于更少。你出去雇洋车了，拉车的嘴里所讨的价钱当然是要比例价高得多，难道你就傻子似地答应下来？不，不，三十二子，拉就拉，不拉，拉倒！心里也明白，如果真要充内行，你就该说，二十六子，拉就拉——但是你好意思争！

　　车开始辗动了，世界仍然在你窗子以外。长长的一条胡同，一个个大门紧紧地关着。就是有开的，那也只是露出一角，隐约可以看到里面有南瓜棚子，底下一个女的，坐在小凳上缝缝做做的；另一个，抓住还不能走路的小孩子，伸出头来喊那过路卖白菜的。至于白菜是多少钱一斤，那你是听不见了，车子早已拉得老远，并且你也无需乎知道的。在你每月费用之中，伙食是一定占去若干的。在那一笔伙食费里，白菜又是多么小的一个数。难道你知道了门口卖的白菜多少钱一斤，你真把你哭丧着脸的厨子叫来申斥一顿，告诉他每一斤白菜他多开了你一个"大子儿"？

　　车越走越远了，前面正碰着粪车，立刻你拿出手绢来，皱着眉，把鼻子蒙得紧紧的，心里不知怨谁好。怨天做的事太古怪，好好的美丽的稻麦却需要粪来浇！怨乡下人太不怕臭，不怕脏，发明那么两个篮子，放在鼻前手车上，推着慢慢走！你怨市里行政人员不认真办事，如此脏臭不卫生的旧习不能改良，十余年来对这粪车难道真无办法？为着强烈的臭气隔着你窗子还不够远，因此你想到社会卫生事业如何还办不好。

　　路渐渐好起来，前面墙高高的是个大衙门。这里你简直不止隔个窗子，这一带高高的墙是不通风的。你不懂里面有多少办事员，办的都是什么事；多少浓眉大眼的，对着乡下人做买卖的吆喝诈取；多少个又是脸黄黄的可怜虫，混半碗饭分给一家子吃。自欺欺人，里面天天演的到底是什么把戏？但是如果里面真有两三个人拼了命在那里奋斗，为许多人争一点便利和公道，你也无从知道！

到了热闹的大街了，你仍然像在特别包厢里看戏一样，本身不会，也不必参加那出戏；倚在栏杆上，你在审美的领略，你有的是一片闲暇。但是如果这里洋车夫问你在哪里下来，你会吃一惊，仓卒不知所答。生活所最必需的你并不缺乏什么，你这出来就也是不必需的活动。

偶一抬头，看到街心和对街铺子前面那些人，他们都是急急忙忙的，在时间金钱的限制下采办他们生活所必需的。两个女人手忙脚乱地在监督着店里的伙计称秤。二斤四两，二斤四两的什么东西，且不必去管，反正由那两个女人的认真的神气上面看去，必是非同小可，性命交关的货物。并且如果称得少一点时，那两个女人为那点吃亏的分量必定感到重大的痛苦；如果称得多时，那伙计又知道这年头那损失在东家方面真不能算小。于是那两边的争持是热烈的，必需的，大家声音都高一点；女人脸上呈块红色，头发披下了一缕，又用手抓上去；伙计则维持着客气，口里嚷着：错不了，错不了！

热烈的，必需的，在车马纷纭的街心里，忽然由你车边冲出来两个人；男的，女的，各各提起两脚快跑。这又是干什么的，你心想，电车正在拐大弯。那两人原就追着电车，由轨道旁边擦过去，一边追着，一边向电车上卖票的说话。电车是不容易赶的，你在洋车上真不禁替那街心里奔走赶车的担心。但是你也知道如果这趟没赶上，他们就可以在街旁站个半点来钟，那些宁可盼穿秋水不雇洋车的人，也就是因为他们的生活而必需计较和节省到洋车同电车价钱上那相差的数目。

此刻洋车跑得很快，你心里继续着疑问你出来的目的，到底采办一些什么必需的货物。眼看着男男女女挤在市场里面，门首出来一个进去一个，手里都是持着包包裹裹，里边虽然不会全是他们当日所必需的，但是如果当中夹着一盒稍微奢侈的物品，则亦必是他们生活中间闪着亮光的一个愉快！你不是听见那人说么？里面草帽，一块八毛五，贵倒贵点，可是"真不赖"！他提一提帽盒向着打招呼的朋友，他摸一摸他那剃得光整的脑袋，微笑充满了他全个脸。那时那一点迸射着光闪的愉快，当然的归属于他享受，没有一点疑问，因为天知道，这一年中他多少次地克己省俭，使他赚来这一次美满的，大胆的奢侈！

那点子奢侈在那人身上所发生的喜悦，在你身上却完全失掉作用，没有闪一星星亮光的希望！你想，整年整月你所花费的，和你那窗子以外的周围生活程度一比较，严格算来，可不都是非常靡费的用途？每奢侈一次，你心上只有多难过一次，所以车子经过的那些玻璃窗口，只有使你更惶恐，更空洞，更怀疑，前后彷徨不着边际。并且看了店里那些形形色色的货物，除非你真是傻子，难道不晓得它们多半是由哪一国工厂里制造出来的！奢侈是不能给你愉快的，它只有要加增你的戒惧烦恼。每一尺好看点的纱料，每一件新鲜点的工艺品！

你诅咒着城市生活，不自然的城市生活！检点行装说，走了，走了，这沉闷没有生气的生活，实在受不了，我要换个样子过活去。

健康的旅行既可以看看山水古刹的名胜，又可以知道点内地纯朴的人情风俗。走了，走了，天气还不算太坏，就是走他一个月六礼拜也是值得的。

没想到不管你走到哪里，你永远免不了坐在窗子以内的。不错，许多时髦的学者常常骄傲地带上"考察"的神气，架上科学的眼镜，偶然走到哪里一个陌生的地方瞭望，但那无形中的窗子是仍然存在的。不信，你检查他们的行李，有谁不带着罐头食品，帆布床，以及别的证明你还在你窗子以内的种种零星用品、你再摸一摸他们的皮包，那里短不了有些钞票；一到一个地方，你有的是一个提梁的小小世界。不管你的窗子朝向哪里望，所看到的多半则仍是在你窗子以外，隔层玻璃，或是铁纱！隐隐约约你看到一些颜色，听到一些声音，如果你私下满足了，那也没有什么，只是千万别高兴起说什么接触了，认识了若干事物人情，天知道那是罪过！洋鬼子们的一些浅薄，千万学不得。

你是仍然坐在窗子以内的，不是火车的窗子，汽车的窗子，就是客栈逆旅的窗子，再不然就是你自己无形中习惯的窗子，把你搁在里面。接触和认识实在谈不到，得天独厚的闲暇生活先不容你。一样是旅行，如果你背上搁的不是照相机而是一点做买卖的小血本，你就需要全副的精神来走路：你得留神投宿的地方；你得计算一路上每吃一次烧饼和几颗沙果的钱；遇着同行的战战兢兢地打招呼，互相捧出诚意，遇着困难时好互相关照帮忙，到了一个地方你是真带着整个血肉的身体到处碰运气，紧张的境遇不容你不奋斗，不与其他奋斗的血和肉的接触，直到经验使得你认识。

前日公共汽车里一列辛苦的脸，那些谈话，里面就有很多生活的分量。陕西过来做生意的老头和那旁坐的一股客气，是不得已的；由交城下车的客人执着红粉包纸烟递到汽车行管事手里也是有多少理由的；穿棉背心的老太婆默默地挟住一个蓝布包袱，一个钱包，是在用尽她的全副本领的，果然到了冀村，她错过站头，还亏别个客人替她要求车夫，将汽车退行两里路，她还不大相信地望着那村站，口里噜苏着这地方和上次如何两样了。开车的一面发牢骚一面爬到车顶替老太婆拿行李，经验使得他有一种涵养，行旅中少不了有认不得路的老太太，这个道理全世界是一样的，伦敦警察之所以特别和蔼，也是从迷路的老太太孩子们身上得来的。

话说了这许多，你仍然在廊子底下坐着，窗外送来溪流的喧响，兰花烟气味早已消失，四个乡下人这时候当已到了上流"庆和义"磨坊前面。昨天那里磨坊的伙计很好笑的满脸挂着面粉，让你看着磨坊的构造；坊下的木轮，屋里旋转着的石碾，又在高低的院落里，来回看你所不经见的农具在日影下列着。院中一棵老槐、一丛鲜艳的杂花、一条曲曲折折引水的沟渠，伙计和气地说闲话。他用着山西口音，告诉你，那里一年可出五千多包的面粉，每包的价钱约略两块多钱。又说这十几年来，这一带因为山水忽然少了，磨坊关闭了多少家，外国人都把那些磨坊租去做他们避暑的别墅。惭愧的你说，你就是住在一个磨坊里面，他脸上堆起微笑，让面粉一星星在日光下映着，说认得认得，原来你所租的磨坊主人，一个外国牧师，待这村子极和气，乡下人和他还都有好感情。

　　这真是难得了，并且好感的由来还有实证。就是那一天早上你无意中出去探古寻胜，这一省山明水秀，古刹寺院，动不动就是宋辽的原物，走到山上一个小村的关帝庙里，看到一个铁铎，刻着万历年号，原来是万历赐这村里庆成王的后人的，不知怎样流落到卖古董的手里。七年前让这牧师买去，晚上打着玩，嘹亮的钟声被村人听到，急忙赶来打听，要凑原价买回，情辞恳切。说起这是他们吕姓的祖传宝物，决不能让它流落出境，这牧师于是真个把铁铎还了他们，从此便在关帝庙神前供着。

　　这样一来你的窗子前面便展开了一张浪漫的图画，打动了你的好奇，管它是隔一层或两层窗子，你也忍不住要打听点底细，怎么明庆成王的后人会姓吕！这下子文章便长了。

　　如果你的祖宗是皇帝的嫡亲弟弟，你是不会，也不愿，忘掉的。据说庆成王是永乐的弟弟，这赵庄村里的人都是他的后代。不过就是因为他们记得太清楚了，另一朝的皇帝都有些老大不放心，雍正间诏命他们改姓，由姓朱改为姓吕，但是他们还有用二十字排行的方法，使得他们不会弄错他们是这一脉子孙。

　　这样一来你就有点心跳了，昨天你雇来那打水洗衣服的不也是赵庄村来的，并且还姓吕！果然那土头土脑圆脸大眼的少年是个皇裔贵族，真是有失尊敬了。那么这村子一定穷不了，但事实上则不见得。

　　田亩一片，年年收成也不坏。家家户户门口有特种围墙，像个小小堡垒——当时防匪用的。屋子里面有大漆衣柜衣箱，柜门上白铜擦得亮亮；炕上棉被红红绿绿也颇鲜艳。可是据说关帝庙里已有四年没有唱戏了，虽然戏台还高巍巍地对着正殿。村子这几年穷了，有一位王孙告诉你，唱戏太花钱，尤其是上边使钱。这里到底是隔个窗子，你不懂了，一样年年好收成，为什么这几年村子穷了，只模模糊糊听到什么军队驻了三年多等，更不懂是，村子向上一年辛苦后的娱乐，关帝庙里唱唱戏，得上面使钱？既然隔个窗子听不明白，你就通气点别尽管问了。

　　隔着一个窗子你还想明白多少事？昨天雇来吕姓倒水，今天又学洋鬼子东逛西逛，跑到下面养有鸡羊，上面挂有武魁匾额的人家，让他们用你不懂得的乡音招呼你吃菜，炕上坐，坐了半天出到门口，和那送客的女人周旋客气了一回，才恍然大悟，她就是替你倒脏水洗衣裳的吕姓王孙的妈，前晚上还送饼到你家来过！

　　这里你迷糊了。算了算了！你简直老老实实地坐在你窗子里得了，窗子以外的事，你看了多少也是枉然，大半你是不明白，也不会明白的。

纪念志摩去世四周年

　　今天是你走脱这世界的四周年！朋友，我们这次拿什么来纪念你？前两次的用香花感伤地围上你的照片，抑住嗓子底下叹息和悲哽，朋友和朋友无聊地对望着，完成一种纪念的形式，俨然是愚蠢的失败。因为那时那种近于伤感，而又不够宗教庄严的举动，除却点明了你和我们中间的距离，生和死的间隔外，实在没有别的成效；几乎完全不能达到任何真实纪念的意义。

　　去年今日我意外地由浙南路过你的家乡，在昏沉的夜色里我独立火车门外，凝望着那幽暗的站台，默默地回忆许多不相连续的过往残片，直到生和死间居然幻成一片模糊，人生和火车似的蜿蜒一串疑问在苍茫间奔驰。我想起你的：

　　　火车擒住轨，在黑夜里奔
　　　过山，过水，过……

　　如果那时候我的眼泪曾不自主地溢出睫外，我知道你定会原谅我的。你应当相信我不会向悲哀投降，什么时候我都相信倔强的忠于生的，即使人生如你底下所说：

> 就凭那精窄的两道，算是轨，
> 驮着这份重，梦一般的累坠！

就在那时候我记得火车慢慢地由站台拖出，一程一程地前进，我也随着酸怆的诗意，那"车的呻吟"，"过荒野，过池塘，……过噤口的村庄"。到了第二站——我的一半家乡。

今年又轮到今天这一个日子！世界仍旧一团糟，多少地方是黑云布满着粗筋络往理想的反面猛进，我并不在瞎说，当我写：

> 信仰只一细炷香，
> 那点子亮再经不起西风
> 沙沙的隔着梧桐树吹

朋友，你自己说，如果是你现在坐在我这位子上，迎着这一窗太阳：眼看着菊花影在墙上描画作态；手臂下倚着两叠今早的报纸；耳朵里不时隐隐地听着朝阳门外"打靶"的枪弹声；意识的，潜意识的，要明白这生和死的谜，你又该写成怎样一首诗来，纪念一个死别的朋友？

此时，我却是完全地一个糊涂！习惯上我说，每桩事都像是造物的意旨，归根都是运命，但我明知道每桩事都有我们自己的影子在里面烙印着！我也知道每一个日子是多少机缘巧合凑拢来拼成的图案，但我也疑问其间的摆布谁是主宰。据我看来：死是悲剧的一章，生则更是一场悲剧的主干！我们这一群剧中的角色自身性格与性格矛盾；理智与情感两不相容；理想与现实当面冲突，侧面或反面激成悲哀。日子一天一天向前转，昨日和昨日堆垒起来混成一片不可避脱的背景，做成我们周遭的墙壁或气氛，那么结实又那么缥缈，使我们每一人站在每一天的每一个时候里都是那么主要，又是那么渺小无能为！

此刻我几乎找不出一句话来说，因为，真的，我只是个完全的糊涂；感到生和死一样地不可解，不可懂。

但是我却要告诉你，虽然四年了你脱离去我们这共同活动的世界，本身停掉参加牵引事体变迁的主力，可是谁也不能否认，你仍立在我们烟涛渺茫的背景里，间接的是一种力量，尤其是在文艺创造的努力和信仰方面。间接的你任凭自然的音韵，颜色，不时的风轻月白，人的无定律的一切情感，悠断悠续地仍然在我们中间继续着生，仍然与我们共同交织着这生的纠纷，继续着生的理想。你并不离我们太远。你的身影永远挂在这里那里，同你生前一样地飘忽，爱在人家不经意时苍止，带来勇气的笑声也总是那么嘹亮，还有，还有经过你热情或焦心苦吟的那些诗，一首一首仍串着许多人的心旋转。

说到你的诗，朋友，我正要正经地同你再说一些话。你不要不耐烦。这话迟早我们总要说清的。人说盖棺论定，前者早已成了事实，这后者在这四年中，说来叫人难受，我还未曾读到一篇中肯或诚实的论评，虽然对你的赞美和攻讦由你去世后一两周间，就纷纷开始了。但是他们每人手里拿的都不像纯文艺的天平；有的喜欢你的为人，有的疑问你私人的道德；有的单单尊崇你诗中所表现的思想哲学，有的仅喜爱那些软弱的细致的句子；有的每发议论必须牵涉到你的个人生活之合乎规矩方圆，或断言你是轻薄，或引证你是浮奢豪侈！朋友，我知道你从不介意过这些，许多人的浅陋老实或刻薄处你早就领略过一堆，你不止未曾生过气，并且常常表现怜悯同原谅；你的心情永远是那么洁净，头老抬得那么高，胸中老是那么完整的诚挚，臂上老有那么许多不折不挠的勇气。但是现在的情形与以前却稍稍不同，你自己既已不在这里，做你朋友的，眼看着你被误解，曲解，乃至于谩骂，有时真忍不住替你不平。

但你可别误会我心眼儿窄，把不相干的看成重要，我也知道误解曲解谩骂，都是不相干的，但是朋友，我们谁都需要有人了解我们的时候，真了解了我们，即使是痛下针砭，骂着了我们的弱处错处，那整个的我们却因而更增添了意义，一个作家文艺的总成绩更需要一种就文论文，就艺术论艺术的和平判断。

你在《猛虎集》"序"中说"世界上再没有比写诗更惨的事"，你却并未说明为什么写诗是一桩惨事，现在让我来个注脚好不好？我看一个人一生为着一个愚诚的倾向，把所感受到的复杂的情绪尝味到的生活，放到自己的理想和信仰的锅炉里烧炼成几句悠扬铿锵的语言（哪怕是几声小唱），来满足他自己本能的艺术的冲动，这本来是个极寻常的事。哪一个地方哪一个时代，都不断有这种人。轮着做这种人的多半是为着他情感来的比寻常人浓富敏锐，而为着这情感而发生的冲动更是非实际的——或不全是实际的——追求，而需要那种艺术的满足而已。说起来写诗的人的动机多么简单可怜，正是如你"序"里所说"我们都是受支配的善良的生灵"！虽然有些诗人因为他们的成绩特别高厚广阔包括了多数人，或整个时代的艺术和思想的冲动，从此便在人间披上神秘的光圈，使"诗人"两字无形中挂着崇高的色彩。这样使一般努力于用韵文表现或描画人在自然万物相交错时的情绪思想的，便被人的成见看作夸大狂的旗帜，需要同时代人的极冷酷的讥讪和不信任来扑灭它，以挽救人类的尊严和健康。

我承认写诗是惨淡经营，孤立在人中挣扎的勾当，但是因为我知道太清楚了，你在这上面单纯的信仰和诚恳的尝试，为同业者奋斗，卫护他们的情感的愚诚，称扬他们艺术的创造，自己从未曾求过虚荣，我觉得你始终是很逍遥舒畅的。如你自己所说："满头血水"，你"仍不曾低头"，你自己相信"一点性灵还在那里挣扎"，"还想在实际生活的重重压迫下透出一些声响来"。

简单地说，朋友，你这写诗的动机是坦白不由自主的，你写诗的态度是诚实，勇敢，而倔强的。这在讨论你诗的时候，谁都先得明了的。

至于你诗的技巧问题，艺术上的造诣，在这新诗仍在彷徨歧路

的尝试期间，谁也不能坚决地论断。不过有一桩事我很想提醒现在
讨论新诗的人，新诗之由于无条件无形制宽泛到几乎没有一定的定
义时代，转入这讨论外形内容，以至于音节韵脚章句意象组织等艺
术技巧问题的时期，即是根据着对这方面努力尝试过的那一些诗，
你的头两个诗集子就是供给这些讨论见解最多材料的根据。外国的
土话说"马总得放在马车的前面"，不是？没有一些尝试的成绩放
在那里，理论家是不能老在那里发一堆空头支票的，不是？

你自己一向不止在那里倔强地尝试用功，你还会用尽你所有
活泼的热心鼓励别人尝试，鼓励"时代"起来尝试——这种工作
是最犯风头嫌疑的，也只有你胆子大头皮硬顶得下来！我还记得
你要印诗集子时，我替你捏一把汗，老实说还替你在有文采的老
前辈中间难为情过，我也记得我初听到人家找你办"晨副"时我
的焦急，但你居然板起个脸抓起两把鼓槌子为文艺吹打开路乃至
于扫地，铺鲜花，不顾旧势力的非难，新势力的怀疑，你干你的
事"事在人为，做了再说"那股子劲，以后别处也还很少见。

现在你走了，这些事渐渐在人的记忆中模糊下来，你的诗和
文章也散漫在各小本集子里，压在有极新鲜的封皮的新书后面，
谁说起你来，不是马马糊糊地承认你是过去中一个势力，就是拿
能够挑剔看轻你的诗为本事（散文人家很少提到，或许"散文家"
没有诗人那么光荣，不值得注意），朋友，这是没法子的事，我
却一点不为此灰心，因为我有我的信仰。

我认为我们这写诗的动机既如前面所说那么简单愚诚；因在

某一时，或某一刻敏锐地接触到生活上的锋芒，或偶然地触遇到理想峰巅上云彩星霞，不由得不在我们所习惯的语言中，编缀出一两串近于音乐的句子来，慰藉自己，解放自己，去追求超实际的真美，读诗者的反应一定有一大半也和我们这写诗的一样诚实天真，仅想在我们句子中间由音乐性的愉悦，接触到一些生活的底蕴，渗合着美丽的憧憬；把我们的情绪给他们的情绪搭起一座浮桥；把我们的灵感，给他们生活添些新鲜；把我们的痛苦伤心再揉成他们自己忧郁的安慰！

我们的作品会不会再长存下去，就看它们会不会活在那一些我们从不认识的人，我们作品的读者，散在各时、各处互相不认识的孤单的人的心里的，这种事它自己有自己的定律，并不需要我们的关心的。你的诗据我所知道的，它们仍旧在这里浮沉流落，你的影子也就浓淡参差地系在那些诗句中，另一端印在许多不相识人的心里。朋友，你不要过于看轻这种间接的生存，许多热情的人他们会为着你的存在，而加增了生的意识的。伤心的仅是那些你最亲热的朋友们和同兴趣的努力者，你不在他们中间的事实，将要永远是个不能填补的空虚。

你走后大家就提议要为你设立一个"志摩奖金"来继续你鼓励人家努力诗文的素志，勉强象征你那种对于文艺创造拥护的热心，使不及认得你的青年人永远对你保存着亲热。如果这事你不觉到太寒伦不够热气，我希望你原谅你这些朋友们的苦心，在冥冥之中笑着给我们勇气来做这一些蠢诚的事吧。

蛛丝和梅花

　　真真的就是那么两根蛛丝，由门框边轻轻地牵到一枝梅花上。就是那么两根细丝，迎着太阳光发亮……再多了，那还像样么？一个摩登家庭如何能容蛛网在光天白日里作怪，管它有多美丽，多玄妙，多细致，够你对着它联想到一切自然，造物的神工和不可思议处；这两根丝本来就该使人脸红，且在冬天够多特别！可是亮亮的，细细的，倒有点像银，也有点像玻璃制的细丝，委实不算讨厌，尤其是它们那么潇脱风雅，偏偏那样有意无意地斜着搭在梅花的枝梢上。

　　你向着那丝看，冬天的太阳照满了屋内，窗明几净，每朵含苞的，开透的，半开的梅花在那里挺秀吐香，情绪不禁迷茫缥缈地充溢心胸，在那刹那的时间中振荡。同蛛丝一样的细弱，和不必需，思想开始抛引出去：由过去牵到将来，意识的，非意识的，由门框梅花牵出宇宙，浮云沧波踪迹不定。是人性，艺术，还是哲学，你也无暇计较，你不能制止你情绪的充溢，思想的驰骋，蛛丝梅花竟然是瞬息可以千里！

　　好比你是蜘蛛，你的周围也有你自织的蛛网，细致地牵引着天地，不怕多少次风雨来吹断它，你不会停止了这生命上基本的活动。此刻"……一枝斜好，幽香不知甚处，……"

　　拿梅花来说吧，一串串丹红的结蕊缀在秀劲的傲骨上，最可爱，最可赏，等半绽将开地错落在老枝上时，你便会心跳！梅花最怕开，开了便没话说。索性残了，沁香拂散同夜里炉火都能成了一种温存的凄清。

　　记起了，也就是说到梅花，玉兰。初是有个朋友说起初恋时玉兰刚开完，天气每天地暖，住在湖旁，每夜跑到湖边林子里走路，又静坐幽僻石上看隔岸灯火，感到好像仅有如此虔诚地孤对一片泓碧寒星远市，才能把心里情绪抓紧了，放在最可靠最纯净的一撮思想里，始不至亵渎了或是惊着那"寤寐思服"的人儿。那是极年轻的男子初恋的情景，——对象渺茫高远，反而近求"自我的"郁结深浅——他问起少女的情绪。

　　就在这里，忽记起梅花。一枝两枝，老枝细枝，横着，虬着，描着影子，喷着细香；太阳淡淡金色地铺在地板上；四壁琳琅，书架上的书和书签都像在发出言语；墙上小对联记不得是谁的集句；中条是东坡的诗。你敛住气，简直不敢喘息，踮着脚，细小的身形嵌在书房中间，看残照当窗，花影摇曳，你像失落了什么，有点迷惘。又像"怪东风着意相寻"，有点儿没主意！浪漫，极端的浪漫。"飞花满地谁为扫？"你问，情绪风似的吹动，卷过，停留在惜花上面。再回头看看，花依旧嫣然不语。"如此娉婷，谁人解看花意。"你更沉默，几乎热情地感到花的寂寞，开始怜花，把同情统统诗意地交给了花心！

这不是初恋，是未恋，正自觉"解看花意"的时代。情绪的不同，不止是男子和女子有分别，东方和西方也甚有差异。情绪即使根本相同，情绪的象征，情绪所寄托，所栖止的事物却常常不同。水和星子同西方情绪的联系，早就成了习惯。一颗星子在蓝天里闪，一流冷涧倾泄一片幽愁的平静，便激起他们诗情的波涌，心里甜蜜的，热情的便唱着由那些鹅羽的笔锋散下来的"她的眼如同星子在暮天里闪"，或是"明丽如同单独的那颗星，照着晚来的天"，或"多少次了，在一流碧水旁边，忧愁倚下她低垂的脸"。

惜花，解花太东方，亲昵自然，含着人性的细致是东方传统的情绪。

此外年龄还有尺寸，一样是愁，却跃跃似喜，十六岁时的，微风零乱，不颓废，不空虚，踮着理想的脚充满希望，东方和西方却一样。人老了脉脉烟雨，愁吟或牢骚多折损诗的活泼。大家如香山、稼轩、东坡、放翁的白发华发，很少不梗在诗里，至少是令人不快。话说远了，刚说是惜花，东方老少都免不了这嗜好，这倒不论老的雪鬓曳杖，深闺里也就攒眉千度。

最叫人惜的花是海棠一类的"春红"，那样娇嫩明艳，开过了残红满地，太招惹同情和伤感。但在西方即使也有我们同样的花，也还缺乏我们的廊庑庭院。有了"庭院深深深几许"才有一种庭院里特有的情绪。如果李易安的"斜风细雨"底下不是"重门须闭"也就不"萧条"得那样深沉可爱，李后主的"终日谁来"

也一样地别有寂寞滋味。看花更须庭院，深深锁在里面认识，不时还得有轩窗栏杆，给你一点凭借，虽然也用不着十二栏杆倚遍，那么懦弱无聊。

当然旧诗里伤愁太多；一首诗竟像一张美的证券，可以照着市价去兑现！所以庭花，乱红，黄昏，寂寞太滥，诗常失却诚实。西洋诗，恋爱总站在前头，或是"忘掉"，或是"记起"，月是为爱，花也是为爱，只使全是真情，也未尝不太腻味。就以两边好的来讲。拿他们的月光同我们的月色比，似乎是月色滋味深长得多。花更不用说了；我们的花"不是预备采下缀成花球，或花冠献给恋人的"，却是一树一树绰约的，个性的，自己立在情人的地位上接受恋歌的。

所以未恋时的对象最自然的是花，不是因为花而起的感慨——十六岁时无所谓感慨——仅是刚说过的自觉解花的情绪，寄托在那清丽无语的上边，你心折它绝韵孤高，你为花动了感情，实说你同花恋爱，也未尝不可——那惊讶狂喜也不减于初恋。还有那凝望，那沉思……

一根蛛丝！记忆也同一根蛛丝，搭在梅花上就由梅花枝上牵引出去，虽未织成密网，这诗意的前后，也就是相隔十几年的情绪的联络。

午后的阳光仍然斜照，庭院阒然，离离疏影，房里窗棂和梅花依然伴和成为图案，两根蛛丝在冬天还可算为奇迹，你望着它看，真有点像银，也有点像玻璃，偏偏那么斜挂在梅花的枝梢上。

二十五年新年漫记

彼此

朋友又见面了，点点头笑笑，彼此晓得这一年不比往年，彼此是同增了许多经验。个别地说，这时间中每一人的经历虽都有特殊的形相，含着特殊的滋味，需要个别的情绪来分析来描述。

综合地说，这许多经验却是一整片仿佛同式同色、同大小、同分量的迷惘。你触着那一角，我碰上这一头，归根还是那一片迷惘笼罩着彼此。七月！——这两字就如同史歌的开头那么有劲——八月，九月带来了那狂风，后来。后来过了年，——那无法忘记的除夕！——又是那一月，二月，三月，到了七月，再接再厉地又到了年夜。现在又是一月二月在开始……谁记得最清楚，这串日子是怎样地延续下来，生活如何地变？想来彼此都不会记得过分清晰，一切都似乎在迷离中旋转，但谁又会忘掉那么切肤的重重忧患的网膜？

经过炮火或流浪的洗礼，变换又变换的日月，难道彼此脸上没有一点记载这经验的痕迹？但是当整一片国土纵横着创痕，大家都是"离散而相失……去故乡而就远"，自然"心婵媛而伤怀兮，眇不知其跖"，脸上所刻那几道并不使彼此惊讶，所以还只是笑笑好。口角边常添几道酸甜的纹路，可以帮助彼此咀嚼生活。何不默认这一点：在迷惘中人最应该有笑，这种的笑，虽然是敛住神经，敛住肌肉，仅是毅力的后背，它却是必需的，如同保护色对于许多生物，是必需的一样。

　　那一晚在××江心，某一来船的甲板上，热臭的人丛中，他记起他那时的困顿饥渴和狼狈，旋绕他头上的却是那真实倒如同幻象，幻象又成了真实的狂敌杀人的工具，敏捷而近代型的飞机：美丽得像鱼像鸟……这里黯然的一掬笑是必需的，因为同样的另外一个人懂得那原始的骤然唤起纯筋肉反射作用的恐怖。他也正在想那时他在××车站台上露宿，天上有月，左右有人，零落如同被风雨摧落后的落叶，瑟索地蜷伏着，他们心里都在回味那一天他们所初次尝到的敌机的轰炸！谈话就可以这样无限制地延长，因为现在都是这样的记忆，——比这样更辛辣苦楚的——在各人心里真是太多了！随便提起一个地名大家所熟悉的都会或商埠，随着全会涌起怎样的一个最后印象！

　　再说初入一个陌生城市的一天，——这经验现在又多普遍——尤其是在夜间，这里就把个别的情形和感触除外，在大家心底曾留下的还不是一剂彼此都熟识的清凉散？苦里带涩，那滋味侵入脾胃时，小小的冷噤会轻轻在背脊上爬过，用不着丝毫锐性的感伤！也许他可以说他在那夜进入某某城内时，看到一列小店门前凄惶的灯，黄黄的发出奇异的晕光，使他嗓子里如梗着刺，感到一种发紧的触觉。你能所记得的却是某一号车站后面黯白的煤汽灯射到陌生的街心里，使你心里好像失落了什么。

那陌生的城市，在地图上指出时，你所经过的同他所经过的也可以有极大的距离，你同他当时的情形也可以完全地不相同。但是在这里，个别的异同似乎非常之不相干；相干的仅是你我会彼此点头，彼此会意，于是也会彼此地笑笑。

七月在芦沟桥与敌人开火以后，纵横中国土地上的脚印密密地衔接起来，更加增了中国地域广漠的证据。每个人参加过这广漠地面上流转的大韵律的，对于尘土和血，两件在寻常不多为人所理会的，极寻常的天然质素，现在每人在他个别的角上，对它们都发生了莫大亲切的认识。每一寸土，每一滴血，这种话，已是可接触、可把持的十分真实的事物，不仅是一句话一个"概念"而已。

在前线的前线，兴奋和疲劳已掺拌着尘土和血另成一种生活的形体魂魄。睡与醒中间，饥与食中间，生和死中间，距离短得几乎不存在！生活只是一股力，死亡一片沉默的恨，事情简单得无可再简单。尚在生存着的，继续着是力，死去的也继续着堆积成更大的恨。恨又生力，力又变恨，惘惘地却勇敢地循环着，其他一切则全是悬在这两者中间悲壮热烈地穿插。

在后方，事情却没有如此简单，生活仍然缓弛地伸缩着；食宿生死间距离恰像黄昏长影，长长的，尽向前引伸，像要扑入夜色，同夜溶成一片模糊。在日夜宽泛的循回里于是穿插反更多了，真是天地无穷，人生长勤。生之穿插零乱而琐屑，完全无特殊的色泽或轮廓，更不必说英雄气息壮烈成分。斑斑点点仅像小血锈凝在生活上，在你最不经意中烙印生活。如果你有志不让生活在小处窳败，逐渐减损，由锐而钝，由张而弛，你就得更感谢那许多极平常而琐碎的摩擦，无日无夜地透过你的神经、肌肉或意识。这种时候，叹息是悬起了，因一切虽然细小，却绝非从前所熟识的感伤。每件经验都有它粗壮的真实，没有叹息的余地。口边那酸甜的纹路是实际哀乐所刻划而成，是一种坚忍韧性的笑。因为生活既不是简单的火焰时，它本身是很沉重，需要韧性地支持，需要产生这韧性支持的力量。

现在后方的问题，是这种力量的源泉在哪里。决不凭着平日均衡的理智，——那是不够的，天知道！尤其是在这时候，情感就在皮肤底下"踊跃其若汤"，似乎它所需要的是超理智的冲动！现在后方被缓的生活，紧的情感，两面摩擦得愁郁无快，居戚戚而不可解，每个人都可以苦恼而又热情地唱"终长夜之曼曼兮，掩此哀而不去"，或"宁溘死而流亡兮，不忍为此之常愁！"。支持这日子的主力在哪里呢？你我生死，就不检讨它的意义以自大。也还需要一点结实的凭借才好。

我认得有个人，很寻常地过着国难日子的寻常人，写信给他朋友说，他的嗓子虽然总是那么干哑，他却要哑着嗓子私下告诉他的朋友：他感到无论如何在这时候，他为这可爱的老国家带着血活着，或流着血或不流着血死去，他都觉到荣耀，异于寻常的，他现在对于生与死都必然感到满足。这话或许可以在许多心弦上叩起回响，我常思索这简单朴实的情感是从哪里来的。信念？像一道泉流透过意识，我开始明了理智同热血的冲动以外，还有个纯真的力量的出处。信心产生力量，又可储蓄力量。

信仰坐在我们中间多少时候了，你我可曾觉察到？信仰所给予我们的力量不也正是那坚忍韧性的倔强？我们都相信，我们只要都为它忠贞地活着或死去，我们的大国家自会永远地向前迈进，由一个时代到又一个时代。我们在这生是如此艰难，死是这样容易的时候，彼此仍会微笑点头的缘故也就在这里吧？现在生活既这样的彼此患难同味，这信心自是我们此时最主要的联系，不信你问他为什么仍这样硬朗地活着，他的回答自然也是你的回答，如果他也问你。

信仰坐在我们中间多少时候了？那理智热情都不能代替的信心！

思索时许多事，在思流的过程中，总是那么晦涩，明了时自己都好笑所想到的是那么简单明显的事实！此时我拭下额汗，差不多可以意识到自己口边的纹路，我尊重着那酸甜的笑，因为我明白起来，它是力量。

话不用再说了，现在一切都是这么彼此，这么共同，个别的情绪这么不相干。当前的艰苦不是个别的，而是普遍的，充满整一个民族，整一个时代！我们今天所叫作生活的，过后它便是历史。客观上无疑我们彼此所熟识的艰苦正在展开一个大时代。所以别忽略了我们现在彼此地点点头。且最好让我们共同酸甜的笑纹，有力地，坚韧地，横过历史。

一片阳光

放了假，春初的日子松弛下来。将午未午时候的阳光，澄黄的一片，由窗棂横浸到室内，晶莹地四处射。我有点发怔，习惯地在沉寂中惊讶我的周围。我望着太阳那湛明的体质，像要辨别它那交织绚烂的色泽，追逐它那不着痕迹的流动。看它洁净地映到书桌上时，我感到桌面上平铺着一种恬静，一种精神上的豪兴，情趣上的闲逸；即或所谓"窗明几净"，那里默守着神秘的期待，漾开诗的气氛。那种静，在静里似可听到那一处玎琤的泉流，和着仿佛是继续的琴声，低诉着一个幽独者自娱的音调。看到这同一片阳光射到地上时，我感到地面上花影浮动，暗香吹拂左右，人随着晌午的光霭花气在变幻，那种动，柔谐婉转有如无声音乐，令人悠然轻快，不自觉地脱落伤愁。至多，在舒扬理智的客观里使我偶一回头，看看过去幼年记忆步履所留的残迹，有点儿惋惜时间；微微怪时间不能保存情绪，保存那一切情绪所曾流连的境界。

倚在软椅上不但奢侈，也许更是一种过失，有闲的过失。但东坡的辩护"懒者常似静，静岂懒者徒"，不是没有道理。如果此刻不倚榻上而"静"，则方才情绪所兜的小小圈子便无条件地失落了去！人家就不可惜它，自己却实在不能不感到这种亲密的损失的可哀。

就说它是情绪上的小小旅行吧，不走并无不可，不过走走未始不是更好。归根说，我们活在这世上到底最珍惜一些什么？果真珍惜万物之灵的人的活动所产生的种种，所谓人类文化？这人类文化到底又靠一些什么？我们怀疑或许就是人身上那一撮精神同机体的感觉，生理心理所共起的情感，所激发出的一串行为，所聚敛的一点智慧，——那么一点点人之所以为人的表现。宇宙万物客观的本无所可珍惜，反映在人性上的山川草木禽兽才开始有了秀丽，有了气质，有了灵犀。反映在人性上的人自己更不用说。没有人的感觉，人的情感，即便有自然，也就没有自然的美，质或神方面更无所谓人的智慧，人的创造，人的一切生活艺术的表现！这样说来，谁该鄙弃自己感觉上的小小旅行？为壮壮自己胆子，我们更该相信惟其人类有这类情绪的驰骋，实际的世间才赓续着产生我们精神所寄托的文物精萃。

此刻我竟可以微微一咳嗽，乃至于用播音的圆润口调说：我们既然无疑地珍惜文化，即尊重盘古到今种种的艺术——无论是抽象的思想的艺术，或是具体的驾驭天然材料另创的非天然形象，——则对于艺术所由来的渊源，那点点人的感觉，人的情感智慧（通称人的情绪的），又当如何地珍惜才算合理？

但是情绪的驰骋，显然不是诗或画或任何其他艺术建造的完成。这驰骋此刻虽占了自己生活的若干时间，却并不在空间里占任何一个小小位置！这个情形自己需完全明了。此刻它仅是一种无踪迹的流动，并无栖身的形体。它或含有各种或可捉摸的质素，但是好奇地探讨这个质素而具体要表现它的差事，无论其有无意义，除却本人外，别人是无能为力的。我此刻为着一片清婉可喜的阳光，分明自己在对内心交流变化的各种联想发生一种兴趣的注意，换句话说，这好奇与兴趣的注意已是我此刻生活的活动。一种力量又迫着我来把握住这个活动，而设法表现它，这不易抑制的冲动，或即所谓艺术冲动也未可知！只记得冷静的杜工部散散步，看看花，也不免会有"江上被花恼不彻，无处告诉只颠狂"的情绪上一片紊乱！玲珑煦暖的阳光照人面前，那美的感人力量就不减于花，不容我生硬地自己把情绪分划为有闲与实际的两种，而权其轻重，然后再决定取舍的。我也只有情绪上的一片紊乱。

情绪的旅行本偶然的事，今天一开头并为着这片春初晌午的阳光，现在也还是为着它。房间内有两种豪侈的光常叫我的心绪紧张如同花开，趁着感觉的微风，深浅零乱于冷智的枝叶中间。一种是烛光，高高的台座，长垂的烛泪，熊熊红焰当帘幕四下时各处光影掩映。那种闪烁明艳，雅有古意，明明是画中景象，却含有更多诗的成分。另一种便是这初春晌午的阳光，到时候有意无意地大片子洒落满室，那些窗棂栏板几案笔砚浴在光霭中，一时全成了静物图案；再有红蕊细枝点缀几处，室内更是轻香浮溢，叫人俯仰全触到一种灵性。

这种说法怕有点会发生误会，我并不说这片阳光射入室内，需要笔砚花香那些儒雅的托衬才能动人，我的意思倒是：室内顶寻常的一些供设，只要一片阳光这样又幽娴又洒脱地落在上面，一切都会带上另一种动人的气息。

这里要说到我最初认识的一片阳光。那年我六岁，记得是刚刚出了水珠以后——水珠即寻常水痘，不过我家乡的话叫它作水珠。当时我很喜欢那美丽的名字，忘却它是一种病，因而也觉到一种神秘的骄傲。只要人过我窗口问问出"水珠"么？我就感到一种荣耀。那个感觉至今还印在脑子里。也为这个缘故，我还记得病中奢侈的愉悦心境。虽然同其他多次的害病一样，那次我仍然是孤独地被囚禁在一间房屋里休养的。那是我们老宅子里最后的一进房子；白粉墙围着小小院子，北面一排三间，当中夹着一个开敞的厅堂。我病在东头娘的卧室里。西头是婶婶的住房。娘同婶永远要在祖母的前院里行使她们女人们的职务的，于是我常是这三间房屋惟一留守的主人。

在那三间屋子里病着，那经验是难堪的。时间过得特别慢，尤其是在日中毫无睡意的时候。起初，我仅集注我的听觉在各种似脚步，又不似脚步的上面。猜想着，等候着，希望着人来。间或听听隔墙各种琐碎的声音，由墙基底下传达出来又消敛了去。过一会儿，我就不耐烦了——不记得是怎样的，我就趿着鞋，捱着木床走到房门边。房门向着厅堂斜斜地开着一扇，我便扶着门框好奇地向外探望。

那时大概刚是午后两点钟光景，一张刚开过饭的八仙桌，异常寂寞地立在当中。桌下一片由厅口处射进来的阳光，泄泄融融地倒在那里。一个绝对悄寂的周围伴着这一片无声的金色的晶莹，不知为什么，忽使我六岁孩子的心里起了一次极不平常的振荡。

那里并没有几案花香，美术的布置，只是一张极寻常的八仙桌。如果我的记忆没有错，那上面在不多时间以前，是刚陈列过咸鱼、酱菜一类极寻常俭朴的午餐的。小孩子的心却呆了。或许两只眼睛倒张大一点，四处地望，似乎在寻觅一个问题的答案。为什么那片阳光美得那样动人？我记得我爬到房内窗前的桌子上坐着，有意无意地望望窗外，院里粉墙疏影同室内那片金色和煦绝然不同趣味。顺便我翻开手边娘梳妆用的旧式镜箱，又上下摇动那小排状抽屉，同那刻成花篮形的小铜坠子，不时听雀跃过枝清脆的鸟语。心里却仍为那片阳光隐着一片模糊的疑问。

时间经过二十多年，直到今天，又是这样一泄阳光，一片不可捉摸，不可思议流动的而又恬静的瑰宝，我才明白我那问题是永远没有答案的。事实上仅是如此：一张孤独的桌，一角寂寞的厅堂。一只灵巧的镜箱，或窗外断续的鸟语，和水珠——那美丽小孩子的病名——便凑巧永远同初春静沉的阳光整整复斜斜地成了我回忆中极自然的联想。